KB274383

Unterwegs nach Deutschland

혼자서 독일가기

이봉무 K.Mensing

1945
문예림

〈혼자서 독일가기 Unterwegs nach Deutschland〉
초판 2010년 3월 5일 / 발행 2010년 3월 10일 / 이봉무 K.Mensing저 / 펴낸이 서덕일 / 펴낸곳
도서출판 문예림 / 등록번호 1962. 7. 12. 제 2-110호 / 주소 서울 광진구 군자동 1-13호 문예하우스 101
호 / Phone. 499-1281~2 Fax. 499-1283 / www.bookmoon.co.kr / Email. book1281@
hanmail.net

ISBN 978-89-7482-568-3 (13750)

교재에 관하여

이 교재는 미나라는 한국 여학생이 1년간 독일에서 어학연수를 받는 이야기들로 구성되어 있다. 스물 한 살 미나는 퀼른의 클라인씨 집에서 홈스테이를 하면서 독일문화원(Goethe Institut)에 다닌다. 미나는 클라인씨의 두 딸 자비네와 베티나와 친구가 되어 귀국할 때까지 즐겁게 지낸다.

교재에는 다양한 사진 정보가 수록되어 있다. 저자들이 여러 해에 걸쳐 독일을 왕래하면서 직접 촬영한 자료들을 통해 독자는 생생한 독일 생활을 간접 체험할 수 있을 것이다.

이 교재의 구성은 다음과 같다.

A. 대화(Dialog): 교재의 첫 부분인 본문은 간단한 대화로 되어 있고, 본문 하단에 어휘설명을 하였다. 단순한 단어 해설뿐만 아니라 이 어휘가 실제로 문장에서 어떻게 사용되는지 예를 제시 함으로써 실제 회화에서 그 문장을 활용하는데 도움을 주고자 하였다.

B. 어휘 연습(Wortschatz): 둘째 부분에서는 꼭 알아야 할 어휘를 그림을 보고 저절로 습득하고 암기할 수 있도록 사진을 많이 수록하였다. 이 그림은 본문의 내용에 맞게 한 가지 주제(음식, 건강, 대학, 도시 등)를 선택하여 해당 사진을 보면서 독자는 자연스럽고 지루하지 않게 어휘연습을 할 수 있다. 예를 들어 본문 4 과에 수록된 **Die Zeit**(시간)에는 먼저 4계절의 사진과 함께 봄, 여름, 가을, 겨울이라는 단어를 익힐 수 있고, 달력 그림에서 년, 달, 주일, 날짜 등의 단어를, 시계 그림에서는 시, 분, 초 등의 어휘를 자연스럽게 익힐 수 있다.

C. 문법(Grammatik): 세 번째 부분은 문법을 설명하였다. 독일어를 처음으로 공부하는 학생 들 뿐만 아니라 독일어를 이미 상당부분 학습한 사람들에게도 도움을 주고자 하였다. 예를 들면 흔히 통용되고 있는 의문문에서의 denn(1과 문법설명 참조)은 "도대체"라는 뜻으로 잘못 인식되어 왔다. 그러나 의문문에서의 denn은 "그런데" 라고 해야 정확한 표현이 될 수 있다는 점을 밝히고, 〈한국과 독일의 표현법의 차이〉코너에서는 정확한 문법지식과 아울러 한국과 독일의 사고방식과 표현법의 차이를 기술하였다.

D. 연습문제(Übung): 네 번째 부분인 연습문제는 국내외의 어느 책에서도 찾아 볼수 없는 참신하고도 유익한 문제로 이 교재에서 가장 심혈을 기울인 부분이라고 할 수 있다. 연습문제의 내용은 본문의 내용을 묻는 문제와 독일의 실제생활에서 부닥치는 상황에 슬기롭게 대처 할 수 있는 여러 가지 경우를 생각해서 만든 문제이다. 단순히 전화번호를 쓰라는 문제가 아니라 실제 독일에서 현재 유통되고 있는 전화번호부를 제시하고 그 곳에서 전화 번호를 찾게 한다든지(2과 연습문제 7번), 본에 위치하고 있는 베토벤의 생가를 보면서 베토벤의 일생을 숫자로 표시한 예문(4과 연습문제 5)을 참고로 하여 자신의 간단한 이력을 기술하도록 유도하였다. 사진이나 그림을 보면서 자연스럽게 작성할 수 있는 주관식 문제(6과 연습문제 4번)도 출제 하였다.

E. 독일에 대하여(Landeskunde): 다섯 번 째 부분의 〈독일에 대하여〉라는 코너에서는 본문의 내용과 주제에 맞게 독일사정을 집필하였다. 이 코너에서 접하게 될 독일에 대한 실제적인 정보는 유학생이나 독일에 체류하려는 사람들을 위한 길잡이 역할을 할수 있다. 대학수학능력시험 문제에 문법, 어휘, 독해력 이외에 독일 사정에 관련된 지식을 묻는 문제가 자주 출제되고 있기 때문에 이 코너에서 습득하게될 독일의 정치, 경제, 사회, 문화 등에 대한 이해는 대학 입시에서 독일어 과목을 선택한 학생에게도 도움이 될 것이다.

알림(Info): 마지막으로 본 교재의 곳곳에 산재해 있는 <Info> 코너에는 독일과 독일어에 대한 중요한 정보가 수록되어 있다. 독일에서의 인사법, 호칭, 식당에서 웨이터를 부를 때 알아야 할 지식, 우리가 흔히 잘못 알고 있는 상식을 바로잡는 등의 실용적인 정보가 담겨 있다.

본 교재에 수록된 독일어는 딱딱하고 어려운 독일어가 아니라 실생활에 활용할 수 있는 생활 독일어이다. 교재에 수록되어 있는 문장은 모두 일상회화에서 직접 활용할 수 있다.

본 교재로 독일어를 습득한 사람은 누구나 교재의 제목 〈혼자서 독일가기 Unterwegs nach Deutschland〉처럼 독일 현지에서 만날 수 있는 여러 상황에 적절하게 대처할 수 있을 것이다. 독일 사람들과 대화할 때 자신의 의견을 자연스럽게 표현하는 법도 익힐 수 있다.

본 교재는 대학시험능력고사를 대비하는 수험용 지침서에 국한되는 것이 아니라, 독일유학을 준비하는 학생이나, 회사원들의 참고자료로 역할을 할 것으로 기대한다. 또한 학생들을 지도하는 교사, 교수들의 보조자료로 혹은 대학의 교양과정이나 전공과목의 교재로도 사용할 수 있다.

2011. 2. 이봉무, K.Mensing

Inhalt

■ 알파벳

A a [아-]	B b [베-]	C c [체-]	D d [데-]
E e [에-]	F f [에프]	G g [게]	H h [하-]
I I [이-]	J j [요트]	K k [카-]	L l [엘]
M m [엠]	N n [엔]	O o [오-]	P p [페-]
Q q [쿠-]	R r [에르]	S s [에스]	T t [테]
U u [우-]	V v [파우]	W w [베]	X x [익스]
Y y [윕실론]	Z z [체트]		
Ä ä [에-]	Ö ö [외-]	Ü ü [위-]	ß [에스체트]

▶ 독일어의 알파벳은 영어의 26개 자모 이외에 ß와 Ä, Ö, Ü가 더 있다.

▶ 모음 A, O, U위에 있는 점(··)을 "변모음" 또는 "움라우트(Umlaut)"라고 하며, Ä는 a Umlaut, Ö는 o Umlaut, Ü는 u Umlaut라고 읽는다.

▶ E는 [e:], I는 [i:]이다. 영어와 혼동하지 않아야 한다.

▶ V[fau]와 W[ve:]는 윗니를 아래 입술에 대고 발음하는 순치음이다.

▶ ß는 그 명칭에서 알 수 있듯이 SZ에서 유래하였다. ß는 대문자가 없고 낱말의 첫 글자로는 쓰이지 않는다.

■ 발음

1) 모음

철자	발음	예
모음+모음 모음+h	장모음	Tee[테-], sie[지-], sehen[제-엔]
모음+자음 1개	장모음	Tag[타-ㅋ], Zug[추-ㅋ], Abend[아-벤트]
모음+자음 2개	단모음	Bett[벳트], Heft[헤프트], März[메어츠]
ä, ö, ü	[에], [외], [위]	Spät[슈펫], schön[쉰], Übung[위붕]
ai, ay, ei, ey eu, äu	[아이] [오이]	Kaiser[카이저], Eis[아이스], Meyer[마이어] neu[노이], träumen[트로이멘]

2) 자음

철자	발음	예
b, d, g	단어 처음, 모음 앞 [브] [드] [그] 단어의 끝, 자음 앞 [프] [트] [크]	Brille[브릴레], drei[드라이], gehen[게-엔] halb[할프], Kind[킨트], Tag[타-ㅋ]
h	단어나 음절의 처음 [하] 모음+h [묵음, 앞모음이 장음]	Haus[하우스] Uhr[우-어]
j	[유]	ja[야-], Japan[야-판], Jugend[유-겐트]
r	단어나 음절의 처음 [르] 장모음 다음과 er　　[어]	rot[로-트], hören[회-렌] Tür[튀어], Meer[메어], Bruder[브루더]
s	모음 앞　　　　　　[즈] 단어 끝, 자음 앞　[스]	sagen[자-겐], gesund[게준트] Haus[하우스], Fenster[펜스터]
ß	[스]	Fuß[푸-스], groß[그로-스]
ch	a, o, u, au+ch　　　[흐] 그 외의 모음+ch　 [히] 라틴어계통　　　　[크] 불어계통　　　　　[슈]	noch[녹흐], Buch[북흐], auch[아욱흐] ich[이히], Milch[밀히], China[히나] Christ[크리스트] Chef[쉐프]
st-, sp-	단어 처음 [슈트][슈프] 단어 중간 [스트] [스프]	Straße[슈트라쎄], Sprache[슈프락헤] Kunst[쿤스트], Knospe[크노스페]
-ig	단어 끝, 자음 앞　[히] 모음 앞 [그]	billig[빌리히] billiger[빌리거]
-tion	[-찌온]	Nation[나찌온]

■ 생활 속의 독일어

◨ 알파벳을 읽어보자.

EU [오이]	BMW [베엠베]	ICE [이체에]	VW [파우베]
AEG [아에게]	ARD [아에르데]	CDU [체데우]	SPD [에스페데]
ZDF [체데에프]	DB [데베]		

◨ 우리에게 친숙한 독일어

Aspirin [아스피린]	Arbeit [아르바이트]	Diesel [디-젤]	Batterie [바테리-]
Kaiser [카이저]	Thema [테-마]	Allergie [알레르기-]	Kindergarten [킨더가르텐]
Hof [호-프]	Lotte [롯데]	Autobahn [아우토바-안]	Sechs Kies [젝스 키스]
Benz [벤츠]	Allianz [알리안츠]	Siemens [지-멘스]	Audi [아우디]
adidas [아디다스]	Osram [오스람]	Hamburg [함부르크]	Hänsel und Gretel [헨젤 운트 그레텔]
Nivea [니베아]	AGFA [아그파]	Bayer [바이어]	Einstein [아인슈타인]

▶ 독일어에서 자음 S는 자음 뒤에서는 [스], 모음 뒤에서는 [즈]로 발음된다.
  예) Aspirin, adidas, Diesel, Siemens, Sechs Kies
▶ 독일어의 이중모음 -eu는 [오이]로, -ei, -ai, -ay는 모두 [아이]로 발음된다.
  예) EU, Arbeit, Kaiser, Bayer,

1과   Willkommen in Deutschland! 독일에 온 것을 환영합니다!

A. 대화(Dialog)

a. Willkommen in Deutschland! 독일에 온 것을 환영합니다!

1926년에 쮜리히로 첫 비행한 독일 항공.
꼬리의 학 그림은 루프트한자의 상징.

비행기 도착을 알리는 게시판

Herr Klein:	Da[1] ist[2] sie!
Frau Klein:	Guten Tag![3] Sind Sie Mina Kang aus Korea?[?]
Mina:	Ja, das bin ich. Sind Sie Herr[4] und Frau[5] Klein?[?]
Herr Klein:	Richtig![6] Ich heiße[7] Hans Klein, und das ist meine Frau Maria.
Frau Klein:	Willkommen[8] in Deutschland! Sind Sie müde[9]?
Mina:	Ja, ein bisschen[10].
Herr Klein:	Okay! Wir fahren[11] jetzt[12] nach Hause.

---

1) da　adv. 저기에
2) sein v. 이다
3) Guten Tag 안녕하십니까 (낮인사)
4) Herr der Mr. 성인 남자를 부를 때 성과 함께 부르는 호칭.
5) Frau die Mrs. 성인 여자를 부를 때 성과 함께 부르는 호칭.
6) richtig adv. 맞아(무엇인가를 긍정할 때 문장 맨 앞에 표현.)
7) heiß-en v. 부르다. 이름이 ......이다.
8) willkommen 환영하다(오래동안 헤어진후 만날 때 사용)
9) müde sein 피곤하다.
10) ein bisschen 조금
11) fahr-en v. 차, 배 등을 타고 가다.
12) jetzt 지금: 말하는 바로 그 시각

b. Nach Hause zu Kleins... 클라인씨 댁으로

오래된 중류층 주택

현관

Herr und Frau Klein:	Hallo[1)]! Wir sind da[2)]!
Herr Klein:	Mina, das ist unsere Familie[3)].
Sabine:	Hallo Mina! Ich bin Sabine und das ist Bettina, meine Schwester[4)].
Mina:	Hallo Bettina. Und wer[5)] ist das?
Bettina:	Das ist mein Hund[6)]. Er heißt Leo.
Opa:	Wer ist denn[7)] das?
Oma:	Das ist doch[8)] Mina. Sie kommt[9)] aus Korea.
Mina:	Guten Tag, Frau Klein. Guten Tag, Herr Klein. Freut mich[10)]!
Oma und Opa:	Willkommen Mina!
Oma:	Wo[11)] wohnen[12)] Sie in Korea?
Mina:	In Busan.

---

1) Hallo 안녕(비공식적인 인사)
2) da adv. ....이 있다. ....이 남아있다.
3) Familie die -n 가족
4) Schwester die -n 자매
5) wer 누구(의문사) 사람에 대하여 물을때
6) Hund der -e 개
7) denn 그런데(질문할 때 더 자연스럽게 들리게 하기 위해서 사용)
8) doch 무엇인가 이미 알려진 것을 표현하기 위해서 사용
9) komm-en 오다. ~+ aus = 출신, 출생지
10) Freut mich 반갑습니다. (누구에게 소개를 받을 때 공손하게)
11) wo (의문사) 어디에 (장소에 대한 질문)
12) wohn-en v. 거주하다, 살다.

만날 때와 헤어질 때

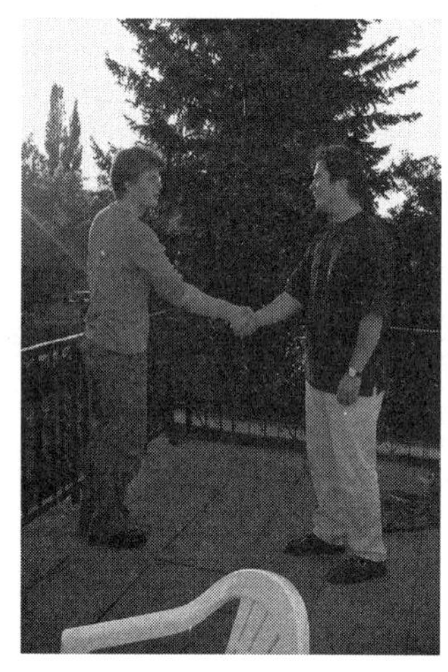

만날 때

Guten Morgen! (공식적)
Morgen! (비공식적)

Guten Tag! (공식적)
Tag! (비공식적)
Hallo! (비공식적)

Grüß Gott! (바이에른 지방)

N'Abend! (비공식적)
Guten Abend! (공식적)

헤어질 때

Auf Wiedersehen! (공식적)
Wiedersehen! (비공식적)
Tschüs! (비공식적)
Servus! (바이에른 지방,
　　　　비공식적)

Gute Nacht! (잠자러 갈 때)

C. 문법(Grammatik)

이 항에서는 독일어 문법의 포인트를 쉽고 간단하게 설명하고자 한다. 여기에서 설명하는 문법은 연습문제를 통해 다시 한번 확인한다.

① 인칭대명사

독일어의 인칭대명사는 나 ich, 너 du, 그남자 er, 그여자 sie, 그것 es 우리들 wir, 너희들 ihr, 그들 sie 이 있으며, 영어와는 달리 경칭의 당신 Sie가 있다.
예: Mina→sie,   Herr Klein→er,   Herr Klein+Frau Klein→sie

② 의문문

독일어의 의문문은 영어와 같이 의문사로 시작하지 않는 의문문이 있고, 의문사로 시작하는 의문문이 있다.

1) 의문사로 시작되지 않는 의문문은 예(Ja), 아니오(Nein)로 답한다.
   ① Sind Sie Mina Kang aus Korea?　　　　Ja, das bin ich.
   　당신은 한국에서 온 강미나입니까?　　　네, 바로 저에요.
   ② Wohnen Sie in Seoul?　　　　　　　　Nein, in Busan.
   　당신은 서울에 사십니까?　　　　　　　아니오, 부산에 삽니다.
2) 의문사로 시작하는 의문문
   의문사로는 사람을 나타낼 경우 wer(누구). 사물을 나타낼 경우 was(무엇)를 사용한다. 움직이지 않는 장소는 wo(어디에)를 사용하고, 움직이는 장소, 즉 저쪽에서 이쪽으로의 방향이동은 woher (어디로부터)를 사용한다. 상태를 물을 때는 wie(어떻게)를 사용한다.
   ① Wer ist das ?　　　　　　　　　　　　Das ist Mina.
   　이 사람은 누구입니까?　　　　　　　　이 사람은 미나입니다.
   ② Was ist das?　　　　　　　　　　　　Das ist ein Haus.
   　이것은 무엇입니까?　　　　　　　　　이것은 집입니다.
   ③ Wie heißen Sie?　　　　　　　　　　Mein Name ist Klein.
   　당신은 이름이 무엇이지요?　　　　　　내 이름은 클라인입니다.
   ④ Woher kommen Sie?　　　　　　　　Aus Korea.
   　당신은 어디에서 오십니까?　　　　　　한국에서 옵니다.

③ 동사의 현재인칭변화

독일어의 모든 동사는 어간과 어미로 이루어져 있다. 예를 들면 부정형동사 kommen은 komm이라는 어간과 en이라는 어미로 구성되어 있다. 독일어의 동사는 각 인칭에 따라 어미변화를 하게 된다. 어미변화를 하기 위해서 우선 동사의 어간과 어미를 구분한다. 다음에 동사의 어간에 각 인칭에 따라 ich

에는 -e, du에는 -st, er에는 -(e)t, wir에는 -en, ihr에는 -(e)t, sie에는 -en, 경칭 Sie에는 -en의 어미를 각각 붙인다.

그러나 모든 동사가 모두 위와 같이 규칙적으로 변화하는 것은 아니며 약간씩 예외가 있고, sein(be)동사와 같이 불규칙한 동사는 별도로 암기하여야 한다.

인칭 \ 동사	komm-en 오다		wohn-en 살다		heiß-en 부르다		sein ...이다(be)
ich(나는)	komm	e	wohn	e	heiß	e	bin
du(너는)	komm	st	wohn	st	heiß	t	bist
er/es/sie (그/그것/그여자)	komm	t	wohn	t	heiß	t	ist
wir(우리는)	komm	en	wohn	en	heiß	en	sind
ihr(너희들은)	komm	t	wohn	t	heiß	t	seid
sie(Sie) (그들은/당신은)	komm	en	wohn	en	heiß	en	sind

④ da의 용법

da는 장소와 시간을 나타낼 때 사용된다.

① Wo ist Mina?   Da ist Mina.
   미나 어디 있지?   저기 미나가 있어.

② Hast du um 5 Uhr Zeit?   Nee, da habe ich keine Zeit.
   너는 정각 다섯시에 시간이 있니?   아니, 그때 나는 시간이 없어.

네(Nee)와 아니오(nein)

독일 베를린의 한 할머니 집에 독일어에 능통하지 못한 한국유학생이 하숙을 하게 되었다.

- 할머니: 학생, 배고프지? 밥줄까?
- 학생: 네(nee)

할머니는 이 학생에게 밥을 물론 주지 않았다.

독일어로 nee는 아니오(nein)라는 뜻이기 때문에....

nee란 nein의 구어체임. 한국어의 "네" 발음과 비슷해서 혼동하기 쉽지만 뜻은 정반대로 "아니, 싫어"임에 유의해야 한다.

⑤ denn의 용법

의문문에서의 denn은 흔히 "도대체"로 해석하고 있으나 실제로 독일어에서의 denn은 특별한 뜻이 담겨 있는 것이 아니다. 관심이나 친절함을 표시하고 싶을 때 denn을 사용하므로 구태여 해석을 하지 않아도 무방하며 해석을 반드시 해야된다면 "그런데" 정도로 할 수 있다.

① Wer ist denn das?   그런데 이 사람은 누구지?

② Wo bist du denn?　　　　　　　　너 어디 있어?

① Wer ist das?　　　　　　　　　Das ist mein Hund. Er heißt Leo.
　애는 누구야?　　　　　　　　　　애는 내개야. 이름은 레오.

한국에서 개를 가르킬 때 "이 개 누구 것이야?"라고 하지만 독일에서는 "애는 누구야?"라고 한다. 한국에서는 개를 주인의 소유물로 표현하지만 독일에서 개는 하나의 독립된 생물체로서 사람을 가리킬 때의 의문사 wer를 사용한다. 특히 독일은 혼자 사는 가정이 많아 개가 가족의 일원으로 개를 위해 보험도 드는데 그 비용이 자동차 보험금과 비슷하다.

1. 아래의 그림이 어떤 경우에 해당하는지 표시하시오.

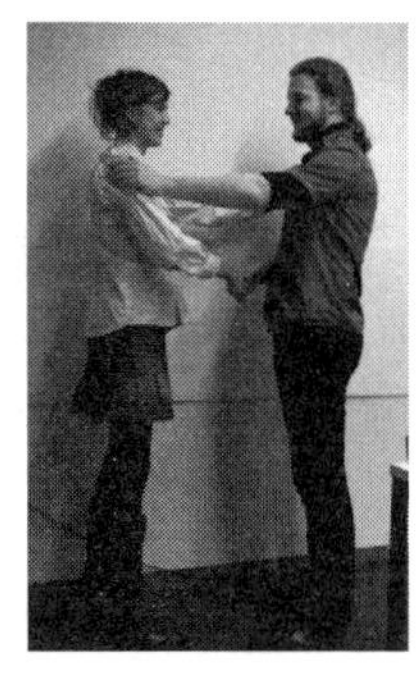

<table>
<tr><td><1></td><td><2></td><td><3></td></tr>
</table>

1) 그림 1   공식적/공손한 인사①   친밀한 인사②
2) 그림 2   공식적/공손한 인사①   친밀한 인사②
3) 그림 3   공식적/공손한 인사①   친밀한 인사②

2. 다음 시각에 사람들은 어떻게 인사를 나눌까요? 적당한 답을 고르시오.

1) *Es ist 8 Uhr 50.*
   ① Guten Morgen.
   ② Tag.
   ③ Guten Tag.

2) *Es ist 15 Uhr.*
   ① N'Abend.
   ② Guten Tag.
   ③ Gute Nacht.

3) *Es ist 19 Uhr 30.*
   ① Guten Abend.
   ② Morgen.
   ③ Tag.

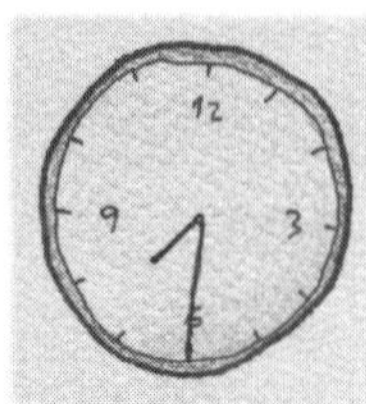

4) *Es ist 24 Uhr.*
   Wir gehen ins Bett.
   ① Wiedersehen.
   ② Guten Morgen.
   ③ Gute Nacht.

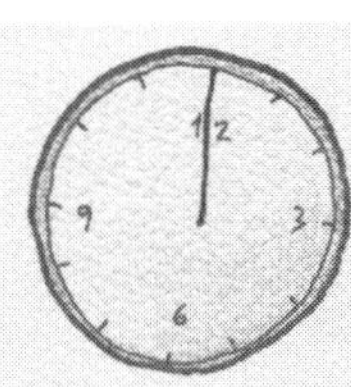

3. 알맞은 대답을 고르시오. (답이 두 개일 경우도 있음)

1) *Wie ist dein Vorname?*
   ① Schmidt.
   ② Peter.
   ③ Ich heiße Peter Müller.
   ④ Mina.

2) *Heißen Sie Baumann?*
   ① Nein, mein Name ist Bermann.
   ② Ich heiße Vogel.
   ③ Martin.
   ④ Mein Name ist Moser.

3) *Wie heißen Sie mit Nachnamen?*
   ① Sabine Schmidt.
   ② Mein Vorname ist Sabine.
   ③ Mein Nachname ist Schmidt.
   ④ Ja, mein Name ist Schmidt.

4) *Wer bist du?*
   ① Ich heiße Thomas.
   ② Mein Nachname ist Schwarz.
   ③ Ich bin Mina Kang.
   ④ Mein Familienname ist Mai.

4. 아래의 보기를 보고 알맞은 인칭 대명사를 넣으시오.

du ich Sie ihr er wir sie

1) ▲ Ist das Frau Klein?
   ▽ Ja. _____ wohnt in Köln.

2) ▲ Wer seid _____?

$\triangledown$ Sabine und Bettina.

    _____ sind Schwestern.

3) ▲ Wie heißt ___?

   $\triangledown$ Das ist doch Peter.

4) ▲ Leben ____ in Korea?

   $\triangledown$ Ja, ___ wohne in Busan.

5) $\triangledown$ Kommst ____ aus Deutschland?

   ▲ Nein, ich bin aus Österreich.

6) ▲ Und wer ist das?

   $\triangledown$ Das ist meine Katze.

      ____ heißt Mao.

5. 적당한 동사를 넣으시오.

> ist heißen sind heißen bist heißt bin seid ist sind

1) ▲ Guten Tag, _______ Sie Mina Kang?

   $\triangledown$ Ja, das ______ ich.

2) ▲ Hallo, wer ______ du?

   $\triangledown$ Mein Name ______ Doris.

     Und wie ______ du?

   ▲ Peter.

3) ▲ Guten Abend, _______ Sie Herr Meier?

   $\triangledown$ Nein, mein Name _____ Klein.

     _______ ihr Sabine und Bettina?

   ▲ Ja, das ______ wir.

4) ▲ Guten Tag, Frau Klein!

     Wie ________ Sie mit Vornamen?

   $\triangledown$ Maria.

6. 소문자와 대문자에 유의하여 문장을 순서에 맞게 배열하시오.

1) heißen – Sie – wie   _________________________ ?

2) Sabine - ich - Klein - heiße   _______________________________ .

3) aus - kommen - Sie - Korea   _______________________________ ?

4) ich - Deutschland - studiere - in   _______________________________ .

5) und - sind - Frau - Klein - Herr - Sie _______________________________?

7. 보기 A, B, C에 있는 단어를 이용하여 예문과 같이 4개의 질문과 대답을 만드시오.
   대답은 1과 본문의 내용을 참조하시오.

예: Woher kommt Sabine?

Sabine kommt aus Deutschland.

A	B	C
Wie	sein	Bettina's Hund
Woher	heißen	Familie Klein
Wer	kommen	Mina
Wo	wohnen	Sabine

1) _______________________________?
   _______________________________.

2) _______________________________?
   _______________________________.

3) _______________________________?
   _______________________________.

4) _______________________________?
   _______________________________.

8.

1) 올바른 동사의 어미를 넣으시오.

ist -t -t -t -t
-en ist sind ist

Das _____① Mina. Mina heiß_____② mit Nachnamen Kang. Sie _____③ Koreanerin und leb_____④ in Pusan. Aber jetzt studier_____⑤ sie in Deutschland. Sie wohn_____⑥ bei den Kleins. Die Kleins wohn_____⑦ in Köln. Köln _____⑧ eine Stadt im Westen Deutschlands.

Und wer _____⑨ Sie?

2) 다음 보기와 같이 자신을 소개할 수 있는 짧은 글을 써보십시오

Mein Name ist Sabine Klein. Ich komme
aus Deutschland und wohne in Köln. Ich bin
Studentin und 22 Jahre alt.

Ihr Text:

____

____

____

____

독일과 이웃나라

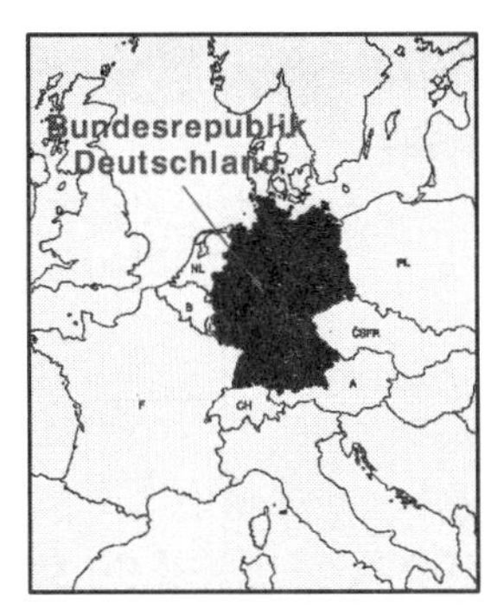

유럽속의 독일

16개의 독일 연방주

독일어를 공부하다보면 독일이 어떤 나라인지 궁금해질 것이다. 여기서는 독일의 문화나 독일사정, 독일에 관한 제반 내용들을 다룰 것이다.

독일은 유럽 중앙에 위치하고 있고 9개의 이웃나라로 둘러 쌓여 있다. 독일의 북쪽으로는 덴마크, 서쪽은 네덜란드, 벨기에, 룩셈부르크, 남쪽은 프랑스와 오스트리아, 동쪽은 폴란드와 체코가 있다. 독일은 유럽 중심에 위치해 있기 때문에 주변의 다른 유럽국가들을 여행하기 매우 좋은 기점이다. 더구나 스위스, 오스트리아, 리히텐슈타인, 남부 티롤(이탈리아 북부), 벨기에의 소수지역, 프랑스의 알사스 지방 등은 독일어를 모국어로 사용하고 있고, 동유럽의 크고 작은 나라에서도 독일어로 의사소통이 가능할 정도로 유럽에서 독일어의 사용빈도는 높다. 또, 8천 2백만의 인구 또한 유럽에서 러시아 다음으로 많은 나라이므로 독일어를 배워두면 독일을 근거지로 하여 주변국을 다니는 유럽 여행을 편리하게 할 수 있을 것이다.

이탈리아가 장화 모양이라면 독일이란 나라는 마치 "투구를 쓴 사람의 머리와 목"같이 생겼다. 덴마크와 잇닿아 있는 부분이 투구의 뽀족한 부분이라면 서쪽은 얼굴의 눈 코 입, 동쪽은 뒷 머리, 남쪽 부분은 목 부분으로 볼 수 있을 것이다.

경제대국 독일의 정식 국가 명칭은 독일 연방 공화국 Bundesrepublik Deutschland으로 여러 개의 주로 구성된 연방공화국이다. 16개의 연방주로 구성된 이 연방들은 각 주마다 연방주의, 즉 지방자치제를 훌륭하게 운영하고 있으며 독자적인 지역문화와 산업을 가지고 있다. 따라서 독일은 각 주마다 명절이나 축제, 공휴일, 학기 및 방학 등의 일정, 심지어는 풍속까지 다르다. 이는 지방분권적으로 발전한 독일의 역사와 관련이 있다. 또한 독일은 중소도시나 대도시의 차이가 없이 고르게 발전되어 모든 국민들은 정치, 경제, 사회, 문화, 교육 등의 혜택을 골고루 받을 수 있다. 독일에서 일류나 이류대학이 존재하지 않고 모든 대학의 수준이 비슷한 이유도 이 때문이다.

독일의 모든 연방 주는 각각 그 연방의 수도가 있다. 10월 축제로 유명한 뮌헨 München은 바이에른 Bayern 지방의 수도이며, 벤츠 자동차를 생산하는 슈트트가르트 Stuttgart는 바덴뷔르텐베르크 Baden-Württemberg주의 수도이다. 미나가 돼지와 함께 도착한 프랑크푸르트 Frankfurt공항은 헷센주 Hessen에, 클라인씨의 집이 있는 쾰른 Köln은 노르트라인-베스트팔렌 Nordrhein-Westfalen에 있다.

쾰른: 신문, 방송, 교통의 중심지로 박람회로 유명하며 인구는 백만으로 독일에서 세 번째로 큰 도시
www.koeln.de

독일 각주의 문장

    독일국기와 독일을 상징하는 연방문장, 각 연방주를 상징하는 각 주의 연방문장을 보면 연방문장들에 동물들이 많이 등장하고 있음을 알 수 있다. 사자, 독수리, 말, 곰, 황소 등은 강건, 능력, 인내 등을 상징하는 동물로 인용되고 있는데 독일인의 이미지와 알게 모르게 비슷한 면이 있다

2과   Deutsche Freunde 독일 친구들

A. 대화(Dialog)

a. Wie geht's? 잘 지내니?

현관 입구의 복도와 계단

거실

Bettina:	Hallo Andi! Hi Peter! Wie geht's[1] euch?
Andi und Peter:	Danke[2], gut.
Bettina:	Kommt rein[3]!
Sabine:	Hallo Andi! Hi Peter! Das ist Mina aus Korea.
Andi:	Grüß dich[4], Mina. Ich bin Andreas.
Peter:	Und mein Name[5] ist Peter.
Mina:	Freut mich!
Sabine:	Setzt[6] euch!
Andi:	Was[7] machst[8] du in Deutschland[9]?
Mina:	Ich lerne[10] hier[11] Deutsch[12].
Peter:	Du sprichst[13] schon[14] ganz[15] gut Deutsch.
Mina:	Ja, ein bisschen.
Sabine:	Mina macht einen Deutschkurs[16] im Goethe-Institut[17]. Heute[18] ist die Anmeldung[19]. Geht[20] ihr mit?

1) wie geht's? (+3격) 어떻게 지내?
2) danke adv. 고마워. Vielen Dank! 매우 고마워!
3) (he)reinkomm-en v. 들어오다.
4) Grüß dich! 안녕 =Hallo! 비공식적인 인사.
5) Name der -n 이름
6) sich setz-en v. 앉다
7) was (의문사) 무엇 (어떤 사물에 대한 질문)
8) mach-en v. 하다, 만들다.
9) Deutschland 독일= Bundesrepublik Deutschland
10) lern-en v. 배우다.
11) hier adv. 여기, 이 장소에
12) Deutsch 독일어 = die deutsche Sprache 독일어
13) sprech-en v. 말하다
14) schon adv. 이미, 벌써
15) ganz adv. 매우, 아주
16) Deutschkurs der -e 독일어코스
17) Goetheinstitut das -e 독일문화원

Peter: Klar[1)]!
Sabine: Also[2)], gehen[3)] wir!

---

18) heute   adv. 오늘
19) Anmeldung die -n 등록, 접수
20) mit/geh-en v. 함께 가다
1) klar adj.   물론
2) also adv. 그럼(결론적으로 표현할 때 사용)
3) geh-en v. 가다

▶ *b. Buchstabier mal!* 철자를 말해봐!

(Die Anmeldung im Goethe-Institut: 독일 문화원 등록)

Schwäbisch Hall에 있는 독일문화원

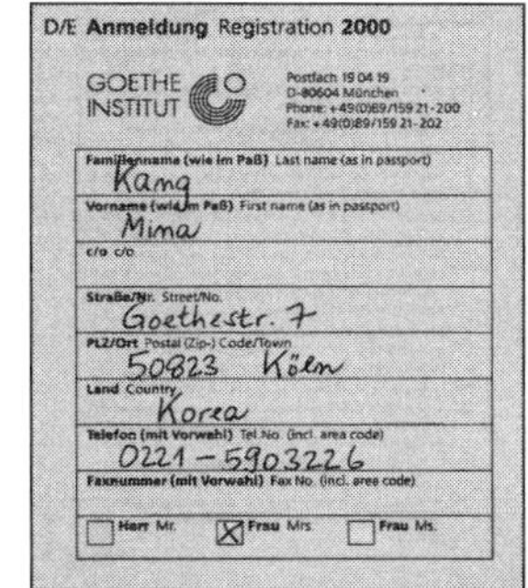

어학등록 신청서

Sekretärin:	Guten Morgen[1]! Füllen[2] Sie bitte das Formular[3] aus.
Mina:	Helft[4] mir bitte!
Sabine:	Natürlich[5]. Wie heißt du?
Mina:	Mina ist mein Vorname[6]. Kang ist mein Nachname[7].
Sabine:	Buchstabier[8] mal!
Mina:	M–i–n–a K–a–n–g.
Sabine:	Nationalität[9]?
Mina:	Wie bitte[10]?
Sabine:	Woher[11] kommst du?
Mina:	Aus Korea.
Sabine:	Wie alt[12] bist du?
Mina:	21.
Sabine:	Deine Adresse[13] ist Goethestr. 7, 50823 Köln und deine Telefonnummer[14] 0221-5903226. Fertig[15]!
Mina:	Vielen Dank!

---

1) Guten Morgen! 아침에 만날 때 하는 인사
2) *aus*/füll-en v. 기입하다, 작성하다
3) Formular das -e 신청서, 서식용지
4) helf-en v. (+3격): 도와주다.
5) natürlich adv. 물론
6) Vorname der -n 이름
7) Nachname der -n = Familienname 성
8) buchstabier-en v. 철자를 말하다
9) Nationalität die -n 국적
10) Wie bitte? 뭐 뭐라고 했어? (무엇인가 알아듣지 못했을 때 묻는 말)
11) woher (의문사) 어디에서
12) alt sein + wie? = 나이를 물을 때 사용.
13) Adresse die -n 주소
14) Telefonnummer die -n 전화번호
15) fertig adj. 끝난

국가와 언어

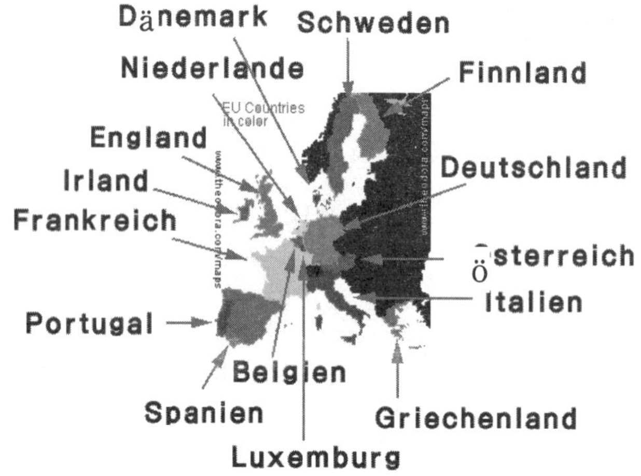

유럽연합에 가입한 주요 나라

세계의 주요국가

국 가	언 어	국 민 ♂ - ♀
Deutschland	Deutsch	Deutscher-Deutsche
Finnland	Finnisch	Finne-Finnin
Schweden	Schwedisch	Schwede-Schwedin
Dänemark	Dänisch	Däne-Dänin
Niederlande die	Niederländisch	Niederländer-Niederländerin
Österreich	Deutsch	Österreicher-Österreicherin
Italien	Italienisch	Italiener-Italienerin
Griechenland	Griechisch	Grieche-Griechin
Spanien	Spanisch	Spanier-Spanierin
Portugal	Portugiesisch	Portugiese-Portugiesin
England	Englisch	Engländer-Engländerin
Frankreich	Französisch	Franzose-Französin
Schweiz die	Deutsch,Italienisch,Französisch	Schweizer-Schweizerin
China	Chinesisch	Chinese-Chinesin
Korea	Koreanisch	Koreaner-Koreanerin
Japan	Japanisch	Japaner-Japanerin
Amerika (die U.S.A.)	Englisch	Amerikaner-Amerikanerin
Afrika	verschiedene Sprachen	Afrikaner-Afrikanerin
Australien	Englisch	Australier-Australierin

C. 문법(Grammatik)

① 숫자

독일어 숫자를 암기하는 요령은 다음과 같다. 1부터 12까지는 암기하여야 하고 13부터 19까지는 뒤에 숫자를 먼저 읽고 10을 붙인다. 13은 숫자 drei에 10 zehn을 붙여 13 dreizehn이 된다. 이때 16과 17에 s와 en을 빼서 sechzehn, siebzehn이 되는 것에 유의해야 한다. 20은 2라는 숫자 zwei와 유사한 zwan에다 zig를 붙인다. 30의 dreißig를 빼고 40, 50, 60, 70, 80, 90 은 4+10 즉 vier + zig식으로 읽으면 된다. 이때 60과 70에서 s와 en을 빼서 sechzig, siebzig가 되는 것에 유의하여야 한다.

1 eins 2 zwei   3 drei   4 vier 5 fünf 6 sechs 7 sieben 8 acht 9 neun 10 zehn
11 elf 12 zwölf 13 dreizehn 14 vierzehn 15 fünfzehn 16 sechzehn, 17 siebzehn...
20 zwanzig 30 dreißig   40 vierzig   50 fünfzig   60 sechzig   70 siebzig 80 achtzig
90 neunzig 100 (ein)hundert   1000 (ein)tausend

거꾸로 읽는 독일 숫자

21을 읽을 때 뒤의 숫자 1을 먼저 읽고 20이라는 숫자를 읽는다. 이때 두 숫자 사이에 '그리고'라는 뜻의 und를 삽입하여 einundzwanzig라고 읽는다.

21   einundzwanzig   22   zweiundzwanzig   23   dreiundzwanzig   26   sechsundzwanzig
27   siebenundzwanzig 28   achtundzwanzig   29   neunundzwanzig   30   dreißig
31   einunddreißig.......... 67   siebenundsechzig 78   achtundsiebzig......... 99   neunundneunzig

1) 숫자를 쓸때 주의할 사항

우리는 1과 7을 쓸때 1, 7로 쓰지만 독일어의 필기체 숫자는 1과 7로 표현하는 점에 유의해야 한다.

2) eins 와 ein

eins는 뒤에 다른 숫자가 없을 때, ein은 뒤에 덧붙이는 다른 숫자가 올 때 사용한다.

1 eins 21 einundzwanzig 101 hunderteins

3) 전화번호: 02) 45-2364

① 지역번호(Vorwahl)인 null zwei 혹은 zwo를 읽은 후에 숫자를 한자리씩 읽는다:

vier fünf zwo drei sechs vier

혹은 두자리씩 읽는다: fünfundvierzig dreiundzwanzig vierundsechzig

② 숫자 2는 전화번호로 읽을때 zwo라고 한다.

지역번호가 길면 큰 도시이고 짧으면 작은 도시이다.

③ 독일에서 한국으로 전화를 걸 때는 한국 국가번호인 82를 걸고 한국에서 독일로 전화를 걸 때는 독일 국가번호인 49를 사용한다. 외국에서 독일로 전화를 걸때는 지역번호 Stuttgart(0711)에서의 0이라는 숫자를 빼고 걸어야 한다.

한국과는 반대로 이름(Vorname)을 먼저 쓰고 성(Nachname)을 나중에 쓴다. 성을 먼저 쓸 경우 성 다음에 콤마를 치면 된다.
① Wie heißen Sie?　　　　　Mina Kang.
　 당신 이름이 무엇입니까?　　강 미나에요
② Wie ist Ihr Name?　　　　　Kang, Mina.

③ 명사의 성과 격

독일어 명사는 첫 글자를 대문자로 쓴다. 그리고 모든 명사는 남성·여성·중성 등 3개의 성으로 구별되어 있다. 이에 따라 der(남성명사), die(여성명사), das(중성명사)라는 정관사가 있고 복수명사에는 정관사 die가 쓰인다. 그러므로 독일어 명사를 공부할 때는 그 명사의 성과 복수형(Plural, pl.이란 약자를 사용)을 함께 암기하는 습관을 갖도록 해야한다.
　　der Vater →Väter (pl.) 아버지, die Mutter →Mütter (pl.) 어머니, das Kind →Kinder (pl.) 아이,
　　das Formular →Formulare (pl.) 신청서, die Adresse →Adressen (pl.) 주소

또한 독일어 명사는 격이 있다. 격은 문장에서 명사의 역할을 나타내는 것으로서 우리말 조사「는, 의, 에게, 를」에 대응하는 것이다. 즉 1격=[는, 이], 2격=[의], 3격=[에게], 4격=[을, 를]
　　1격 : Der Freund singt gut.　　　　친구가 노래를 잘 부릅니다.
　　2격 : das Buch des Freundes　　　　그 친구의 책
　　3격 : Sie winkt dem Freund.　　　　그녀는 그 친구에게 신호를 합니다.
　　4격 : Sie kauft das Buch.　　　　　그녀는 책을 삽니다.

④ 소유관사(소유 대명사)

ich-mein (나는-나의)　　　　　　　　du-dein (너는-너의)

소유관사는 단수에서는 부정관사의 어미변화를, 복수에서는 정관사의 어미변화를 따른다.
mein, dein다음에 여성명사가 오면 소유관사의 어미변화는 meine, deine로 되는 것에 유의하여야 한다.
(8과문법 참조)
① Mein Name ist Peter.　　　　　　　내 이름은 페터야.
　 * ‘Name 이름’가 남성 1격 명사이기 때문에 ‘mein 나의’라는 소유관사가 붙었다.
② Deine Telefonnummer ist 02-520-5330. 너의 전화번호는 02-520-5330이구나.
　 * ‘전화번호 Telefonnummer’가 여성 1격 명사이기 때문에 ‘deine 너의’에서 어미 e가 붙었다.

⑤ 명령법

1) 규칙동사의 명령법

현재형과 명령형을 비교한 ①의 표를 살펴보면 좌측의 현재의문문의 주어가 du와 ihr일 경우 명령형에서는 그것이 생략된다. 다만 동사형태가 du에 대한 명령형일 때는 동사 어간만 쓰지만 ihr에 대한 명령형에서는 현재의문문의 동사와 같다. 즉 du의 명령형 Komm!은 의문문 Kommst du?에서의 동사인 Kommst에서 어미 st가 생략되지만 ihr의 명령형 Kommt!의 어미 t는 그대로 둔다. 경칭 Sie의 명령형 Kommen Sie!를 현재 의문문 Kommen Sie?와 비교해 보면 부호만 바뀌었음을 알 수 있다. 상대방에게 공손하게 명령할 때 경칭 Sie를 사용하여 명령형을 만들지만 더욱 더 공손하게 표현하고자 할 때는 bitte를 첨가한다. du와 ihr의 명령형에서 bitte를 넣으면 부탁하는 의미와 공손한 뜻이 내포되어 있다.

2) 불규칙동사의 명령법

②의 helfen동사는 어간모음이 변화하는 불규칙 동사이다. (3과 문법 불규칙 현재 인칭변화 참조) 이러한 불규칙 동사의 명령형도 du에서는 불규칙이나 ihr에서는 어미가 규칙적인 점에 유의하여야 한다.

③의 haben동사와 ④의 sein동사 역시 불규칙이면서도 자주 사용되는 동사이므로 별도로 암기하되 표 아래의 예문을 여러번 큰소리로 읽고 그 예문을 암기하여 일상회화에서 사용해 보면 명령법은 자연스럽게 터득할 수 있다.

현재의문문   명령법

① 규칙동사

단수	Kommst du?	→	Komm!
복수	Kommt ihr?	→	Kommt!
경칭	Kommen Sie?	→	Kommen Sie!

단수	Gehst du?	→	Geh!
복수	Geht ihr?	→	Geht!
경칭	Gehen Sie?	→	Gehen Sie!

② 어간모음 e → i 로 변하는 불규칙동사

단수	Hilfst du?	→	Hilf!
복수	Helft ihr?	→	Helft!
경칭	Helfen Sie?	→	Helfen Sie!

③ haben 가지다

단수	Hast du?	→	Hab!
복수	Habt ihr?	→	Habt!
경칭	Haben Sie?	→	Haben Sie!

④ sein 이다

단수	Bist du?	→	Sei!
복수	Seid ihr?	→	Seid!
경칭	Sind Sie?	→	Seien Sie!

① Buchstabieren Sie bitte Ihren Namen!   당신 이름의 철자를 좀 말씀해 주십시오!
② Mina, füll bitte das Formular aus!   미나, 저 서식용지에 기입 좀 해 줘!
③ Setzen Sie sich bitte!   청컨데 앉으십시오!
④ Peter, hilf mir bitte!   페터, 나를 좀 도와줘!

⑤ Seien Sie vorsichtig!   조심하십시오. (경칭 Sie에 대한 명령)
⑥ Haben Sie bitte Geduld!   부탁인데 인내심을 가지십시오!
⑦ Sprechen Sie bitte lauter!   청컨대 좀 더 큰 소리로 말씀해 주세요!

Info

처음 만났을 때

"Wie geht's Ihnen(dir)? 어떻게 지내십니까(너 잘 있었니?)"라는 인사말은 이미 알고 있는 사람들끼리 사용하는 인사말인데 우리는 흔히 처음 만나는 사람에게 이러한 인사말을 할때가 있다. 처음 만나는 사람에게 인사할 때는 Guten Tag! 등을 사용한다.

상대방의 말을 약간 이해하지 못했을때는 Wie bitte(뭐라고 하셨죠)?라고 되물을 수가 있다.

D. 연습문제(Übung)

1. 알맞는 의문대명사를 넣으시오.

1) ______ *machst du hier in Korea? Ich lerne Koreanisch.*
① wer ② was ③ wo ④ wie

2) ______ *kommt Peter? Aus Dänemark.*
① wie ② wo ③ was ④ woher

3) _____ *heißt deine Schwester? Nicola.*
① was ② wer ③ wie ④ wo

4) _____ *wohnst du denn hier? In der Goethestraße.*
① wer ② wo ③ wie ④ woher

5) _____ *ist Frau Müllers Telefonnummer? 3345234.*
① woher ② wie ③ wo ④ wer

6) _____ *ist das? Das ist doch Herr Park.*
① woher ② wie ③ wer ④ wo

7) ____ *ist deine Adresse? 32120 Herford, Maistraße 7.*
① wie ② was ③ woher ④ wo

2. 다음과 같은 질문을 할때 알맞는 의문문을 고르시오. (정답이 3개도 가능)

1) *Nach dem Namen?*
① Wie heißen Sie?
② Wie ist denn dein Name?
③ Woher bist du denn?
④ Wer sind Sie?
⑤ Wann kommst du?

2) *Nach der Nationalität?*
① Wie ist denn Ihr Vorname?
② Woher kommen Sie?
③ Wer bist du?

④ Sind Sie Koreaner?

⑤ Was ist das?

3) *Nach dem Wohnort?*

① Wie ist deine Adresse?

② Wie heißen Sie denn?

③ Wo wohnen Sie denn?

④ Wie alt bist du?

⑤ Woher sind Sie?

4) *Nach dem Alter?*

① Wo wohnst du hier?

② Wie alt sind Sie?

③ Wie ist Ihre Adresse?

④ Sind Sie aus Japan?

⑤ Bist du Deutscher?

5) *Nach der Telefonnummer?*

① Was ist deine Telefonnummer?

② Wie ist Ihre Telefonnummer?

③ Wer sind Sie denn?

④ Was machst du hier?

⑤ Wo wohnst du?

3. 다음 대화에서 밑줄친 부분에 알맞는 문장을 골라 넣으시오.

1) △ Hallo Martina! Wie geht's?

▽ Danke, ganz gut.

△ Martina, das ist Dimitri. Er kommt aus Griechenland.

▽ Grüß dich, Di... Wie heißt du? _______________.

▲ D–i–m–i–t–r–i.

① Ruf mal an.

② Buchstabier mal.

③ Komm doch mal.

④ Setzt euch doch.

⑤ Geht doch mit.

2) ▽ Müller.

▲ Guten Tag, Frau Müller. Hier ist Helmut Klein.

▽ ____________? Wer ist da?

▲ Helmut Klein.

    ▽ Ach so! Sie sind es.

    ① Danke, gut.
    ② Wie geht's?
    ③ Wie bitte?
    ④ Was ist los?
    ⑤ Wo bitte?

3) △ Frau Werne, helfen Sie mir bitte!
    ▼ Aber natürlich.
    △ Vielen Dank.
    ▼ ________________.

    ① Nichts zu danken.
    ② Entschuldigung.
    ③ Bitte schön.
    ④ Danke, gut.
    ⑤ Wiedersehen.

4. 아래에 제시된 6개의 전화번호를 신문에서 찾아 그 전화번호를 갖고 있는 사람의
이름을 적으시오.

- Nikolai Hermann-Löns-8	2 86 84
- Norbert Am Thie 12	(Be) 9 32 45
- P. Gerd Cheruskerweg 13	39 42
- Rainer Hinterm Schloß 17	5 50 55
- Thomas Königsberger-7	2 02 57
	10 53 70
- Vera Diesterweg-40	75 12 12
- Wilfried Blücher-60	30 91 26
- Wladimir Brucher-13	79 80 17
Bergmann Wolfgang GmbH	2 28 25
Robert-Bosch-2	Fax 2 28 54
Priv. Wolferdingsen 54	(Be) 72 16
Bergmeier Friedhelm Fliesen	9 33 11
Valdorfer-13	
- Gerh. Heiz.BauMstr. In der Apke 27	9 15 74
- Hermann Wilhelm-33	30 96 63
Bergmeier Olaf u. Kardriye	10 55 71
Zum Rehmer Eck 14	
- Wilfried Frieden-54	2 84 36
Bergner Friedrich Hilgenbrink 1	(Be) 25 71
Bergner Friedrich KG Spedition	(Be) 10 93
Carl-Zeiss-1	
Bergner Friedrich KG	(Be) Fax 36 41
Spedition Carl-Zeiss-1	
Bergner Rudolf Maschhaupt 40	(Be) 22 49
- Volkmar Maschhaupt 40	(Be) 38 16
- Waltraud Volmerdingsener-127	(Be) 77 49
- Wolfgang Töpferweg 2	4 07 39
Bergsiek Sachsenweg 3	25 99 90
- Fred Alter Rehmer Weg 116	2 86 76
Bergter Dorothea Lessing-13	9 64 02
- Kurt Dr.med. Ostkorso 11	2 12 41
Bergunde Manfred u. Gitta	(Be) 40 29
Volmerdingsener-80	
Bering Detlef	75 20 60
- Ernst Grüner Weg 51	2 84 19
Berk Ekaterina An der Autobahn 22	9 33 98
- Günther Tilsiter-13	2 70 39

1) zwei sechsundachtzig acht vier? ________________________
2) fünf fünf null fünfundfünfzig? ________________________
3) neun eins fünf sieben vier? ________________________

4) fünfundsiebzig zwanzig sechzig? _________________________________

5) vier null neunundzwanzig? _________________________________

6) dreißig einundneunzig zwei sechs? _________________________________

5. 밑줄친 부분에 알맞은 언어, 국가, 국적을 넣으시오.

   1) Mina kommt aus Korea und spricht _____________________.

   2) Ich komme aus Köln. Das ist in _____________________.

   3) Li ist _____________________ und spricht Chinesisch.

   4) Ayako kommt aus Japan und spricht _____________________.

   5) Arnaud kommt aus Frankreich und spricht _____________________.

   6) Wir sind Amerikaner und sprechen _____________________.

6. 다음은 강미나가 독일문화원에 어학연수를 하기 위해 등록한 신청서입니다. 이 신청서를 보고 밑줄친 부분에 적당한 말을 한국어로 기입하시오.

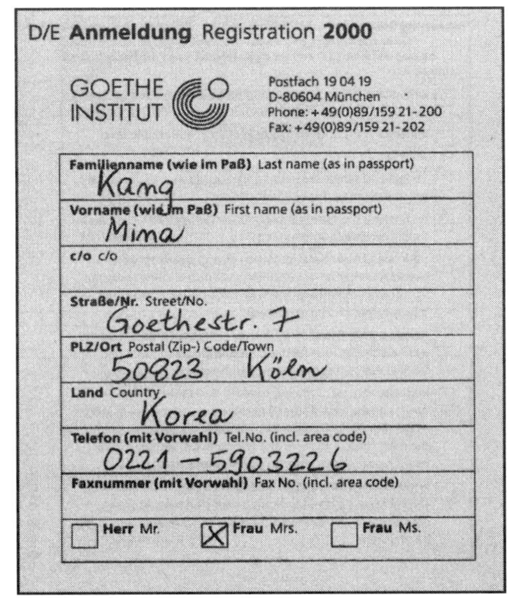

   (1) r Familienname/ r Nachname _____________________

   (2) r Vorname _____________________

   (3) e Straße _____________________

   (4) e Postleitzahl _____________________

   (5) r Ort _____________________

   (6) s Land _____________________

   (7) e Telefonnummer _____________________

   (8) e Vorwahl _____________________

7. 다음 질문을 읽고 문제 6번에 제시된 신청서의 번호를 적으시오.

   1) Woher kommen Sie? (6)

2) Wie ist Ihr Vorname? ( )

3) Wo wohnen Sie? ( )

4) Wie ist Ihre Adresse? ( )

5) Wie ist Ihre Telefonnummer? ( )

6) Wie heißt die Postleitzahl von Köln? ( )

7) Wie heißt die Vorwahl von Köln? ( )

8. 다음 사진을 잘 보고 인물에 대한 간단한 텍스트를 예문과 같이 작성하시오.

→ Peter Baumann/Deutscher/in Berlin/Deutsch/Englisch/Französisch
Das ist Peter Baumann. Er ist Deutscher und wohnt in Berlin.
Er spricht Deutsch, Englisch und Französisch.

1) Sabine Klein/aus Deutschland/in Frankfurt/Deutsch/Italienisch

____

____

2) Mina Kang/Koreanerin/in Köln/Deutsch/Englisch

____

____

3) Andi Müller/aus Süddeutschland/in München/
Englisch/Deutsch/Japanisch

____

____

독일에서의 학업

본 대학 전경

주차된 자전거 틈새로 지나가는 학생

대학 교육까지 거의 무상교육이었던 과거에 비해 현재 독일의 거의 모든 대학은 각 주마다 그 액수는 다르지만 등록금을 징수하고 있다. 등록금이 없었던 시절 교통비, 극장, 음악회, 박물관 등의 관람료, 의료보험 할인 등 학생 신분으로 누릴 수 있는 혜택을 받기 위해 일부러 학업에 집중하지 않고 장기적으로 대학에 재학하려는 대학생들이 늘어나게 되자 독일 대학교육의 재정이 악화되었기 때문이다. 대학 등록금 징수에 반대하던 독일인들도 등록금 징수가 시작되자 대학 재학생 수가 줄고 학생들이 학업에 정진한다는 통계에 따라 등록금 징수를 점차 긍정적으로 평가하고 있다. 따라서 대학 등록금은 해마다 인상되는 추세이다.

원래 독일의 학제는 우리나라나 미국과는 완전히 다르다. 독일에서 대학을 졸업할 경우 우리나라나 미국식 학제의 석사학위를 받게되는 것이어서 이들은 바로 박사과정에 진학할 자격이 주어졌다. 그러나 수정된 대학법에 의하면 독일에서도 학사와 석사과정이 분리되어 기본학업을 이수하면 학사학위를, 졸업과정을 이수하면 석사학위를 받도록 되었다. 학사학위 과정은 규정 수업 연한이 3년 이상 4년 이하이며, 석사학위과정은 1년 이상 2년 이하이다. 기존 학제 때문에 해외의 우수한 유학생들을 유치할 수 없었던 점을 보완하기 위해서 독일 대학에도 외국에서 학사학위를 받은 학생들이 독일 대학에서 공부 할 수 있는 새로운 과정을 개발했다. 일부 교과목은 독일어뿐만 아니라 영어로도 강의를 들을 수 있으며 국제학위과정이 새로 개설되었다.

독일 대학도 우리와 마찬가지로 인기있는 학과에 학생이 몰리고 있다. 이러한 과에 학생들의 지원이 몰리지 않게 하기 위해서 입학정원제 Numerus Klausus를 실시하고 있다. 인문계 고등학교학생들은 졸업하기 전에 대학입학 자격시험 Abitur을 치러 자신의 실력에 알맞은 대학을 선택한다. 의학과나 약학과와 같이 인기학과에서는 아비투어성적, 아비투어를 취득하고 입학하기까지의 대기기간, 필기시험 및 면접시험 등을 토대로 입학 여부가 결정된다.

그러나 독일의 교육 제도는 우수 인력의 조기 발견과 직업 교육을 통한 경제 인력 확보를 목표로 하기 때문에 이미 초등학교를 졸업하는 10살 무렵에 진로를 결정하여 대학 진학을 목표로 할 것인지 아니면 직업 교육을 받을 것인지를 결정하게 된다. 상당수의 학생들이 대학에 진학할 수 있는 인문계학교 Gymnasium를 희망하는 것보다 통합학교 Gesamtschule나 실업학교 Realschule를 선택하는 것도 우리나라와는 다른 점이다. 독일 사회는 반드시 대학을 나오는 것보다 각 분야에 최고의 권위자 Meister가 되는 것을 더 인정하는 사회이기 때문에 우리나라와 같이 무조건 대학 진학을 목표로 하는 현상은 거의 찾아볼 수 없다. 또한 대학지원자의 3분의 1이 전문대학 Fachhochschule에 진학하는데 그 이유는 수업 연한이 일반대학보다 짧고 취업 시에도 일반대학 졸업생과 동등하거나 더 좋은 조건으로 취업되는 경우도 있기 때문이다.

독일대학의 입학과 학업에 대한 정보를 알려 주는 사이트
www.daad.de
www.gateway-to-germany.de

3과 Im Café 카페에서

A. 대화(Dialog)

a. Mensch, hab ich einen Durst! 아이 목말라!

도보자를 위한 거리의 야외카페

메뉴

Sabine: Mensch[1], hab' ich einen Durst[2]! Was möchtet[3] ihr trinken[4]? Ich lad'[5] euch ein.

Peter: Ich nehme[6] eine Tasse Kaffee[7].

Andi: Ich auch[8]. Und du, Mina?

Mina: Ich mag[9] keinen Kaffee. Ich möchte lieber[10] einen Tee[11].

Sabine: Hallo, hier! Wir möchten bestellen[12].

Ober: Was nehmen Sie?

Sabine: Zwei Tassen Kaffee, eine Tasse Tee und für mich eine Cola.

Ober: Ist das alles[13]?

Sabine: Ja, danke.

---

1) Mensch (감탄사): 아이 (분노, 기쁨, 경악을 표현)
2) Durst der: Durst haben 목이 마르다.
3) möcht-en v. .....하고 싶다.(어떤 희망을 공손하게 표현)
4) trink-en v. 마시다
5) ein/lad-en v. 초대하다
6) nehm-en v. 가지다. 취하다. (쇼핑이나 주문할 때 사용)
7) Kaffee der 커피
8) auch adv. 역시. 마찬가지
9) mög-en v. 좋아하다
10) lieber adv. 차라리(B보다는 차라리 A를 좋아하는 경우에 표현)
11) Tee der 차
12) bestell-en v. 주문하다 (식당이나 카페에서)
13) all, alle, alles 전부, 모두

▶ *b.Guten Appetit!* 맛있게 드세요!

(Bei den Klein's zum Abendessen: 클라인씨 댁에서의 저녁식사)

독일식 돈까스(Schnitzel)와 감자튀김

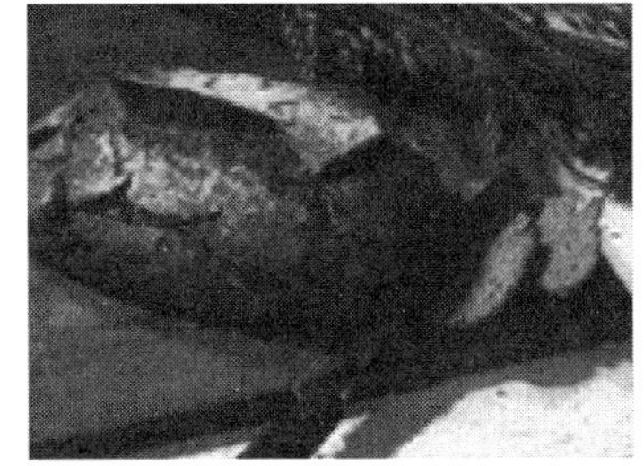

흙빵

Sabine: Mama, ist das Essen[1] bald[2] fertig?

Frau Klein: Ja, gleich[3].

Sabine: Was gibt[4] es denn heute?

Frau Klein: Heute gibt es deutsches Essen für Mina. Schweinebraten mit Knödeln.

Sabine: Lecker[5]!

Herr Klein: Guten Appetit[6]!

Frau Klein: Schmeckt[7] es dir, Mina?

Mina: Ja, sehr gut.

Herr Klein: Möchtest du noch[8] ein Stück Fleisch[9]?

Mina: Nein, danke. Ich bin satt[10].

---

1) Essen das = Mahlzeit die 식사
2) bald adv. 곧
3) gleich adv. 금방. 즉시.
4) geb-en v. (+es) =있다.
5) lecker adj. 맛이 있는
6) Guten Appetit: 맛있게 드세요(식사를 시작할 때 건네는 인사)
7) schmeck-en v.(+3격) ....한 맛이 나다.
8) noch adv. 더, 그밖에
9) Fleisch das 고기
10) satt sein adj. 배 부르다.

음식과 음료

das Obst

das Gemüse

das Fleisch

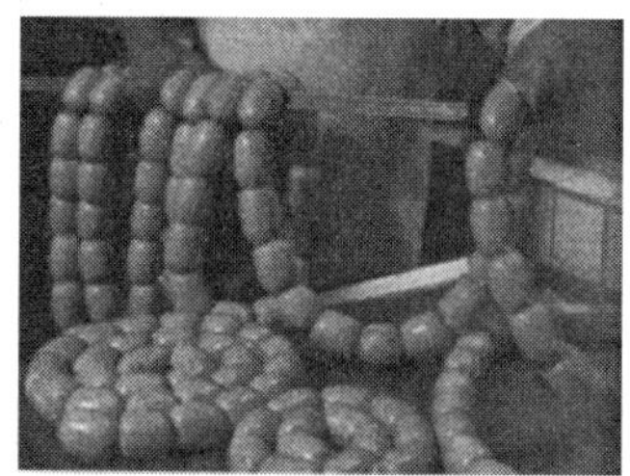

die Wurst

der Fisch

das Huhn

die Getränke

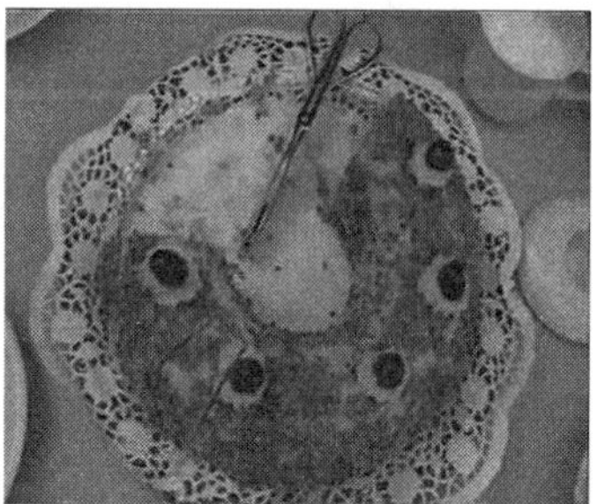

der Kuchen

die Milchprodukte

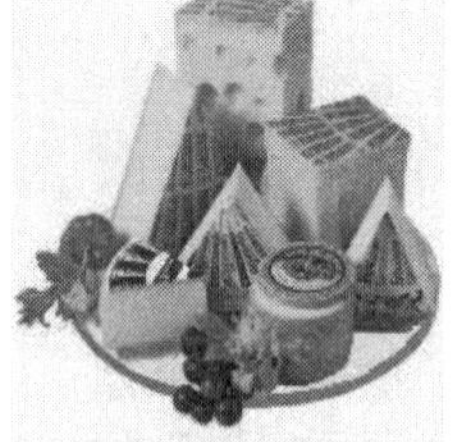

der Käse

das Ei

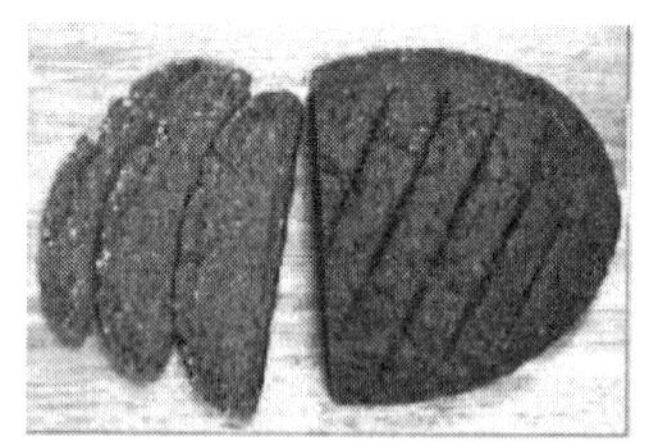

das Brot

Apfel der, -ä	사과	Cola die, -	콜라
Banane die, -n	바나나	Kaffee der, -	커피
Erdbeere die, -n	딸기	Tee der, -	차
Orange die, -n	오렌지	Saft der, ä -e	쥬스
Birne die, -n	배	Kakao der, -	코코아
Salat der	샐러드	Wein der, -e	포도주
Gurke die, -n	오이	Bier das, -e	맥주
Karotte die, -n	당근	Joghurt das, -s	요구르트
Kartoffel die, -n	감자	Quark der	우유로 만든 유제품의 일종
Tomate die, -n	도마도		두부와 흡사하며 회색으로 빵에발라먹는다.
Kohl der	양배추		케익 만들때(치즈케익등)재료로 사용
Mineralwasser das	탄산수		

C. 문법(Grammatik)

1) Mensch!는 기쁨, 놀라움, 분노를 나타내는 감탄사로도 사용.
   ① Mensch, ist das warm! (놀라움)   아유, 더워라.(생각했던 것 보다 더)
   ② Mensch, hör jetzt auf! (분노)   맙소사, 그만해.
   ③ Mensch, du bist hier! (기쁨)   어머나, 너 여기 있구나.

2) bald 1, 2주 후 정도의 시간이 경과한 후
   ① Ich komme bald zurück.   나 곧 돌아 올게.
   ② Bis bald!   그때 보자!

3) gleich 10분 내지 1시간 정도의 시간이 경과한 후
   ① Ich komme gleich.   나 금방 올께
   ② Bis gleich!   좀 있다 보자.

4) sehr 매우, 대단히. 부사를 강조할 때
   ① Deutsch ist sehr leicht!   독일어는 매우 쉽다.
   ② Deutsch ist sehr schwer!   독일어는 대단히 어려운데!

5) lieber gern(기꺼이)의 비교급. 같은 종류중에서 무엇을 더 즐겨하는지
   ① Mögen Sie lieber Fisch oder Fleisch?   당신은 생선과 고기 중에서 어떤 걸 더 좋아하세요?

   Ich mag lieber Fisch.   나는 생선을 더 좋아해요.
   ② Spielst du lieber Tennis oder Fußball?   너는 테니스와 축구 중에 무엇을 더 즐겨하니?

   Lieber Fußball.   축구를 더 즐겨하지.

② 부정관사 ein, mein, kein

1) 부정관사는 문장중 처음 나오는 명사앞에 쓰이면서 그 명사를 소개하거나 언급한다. 부정관사 1격과 4격은 다음과 같다.

	m(남성)	f(여성)	n(중성)	pl(복수)
1격	ein	eine	ein	없음
4격	einen	eine	ein	없음

   ① Das ist ein Bleistift. 이것은 연필입니다.

② Ich nehme eine Tasse Kaffee. 나는 커피 한잔을 마시겠어요.

2) kein은 nicht + ein으로 명사 앞에서 어미변화를 하게 되는데 단수에서는 부정관사와 같이, 복수에서는 정관사와 같이 변한다. 소유대명사 역시 이와 같이 변화한다. (문법 8참조)
  ① Ich mag keinen Kaffee. 나는 커피를 좋아하지 않아요.
  ② Hier sind meine Kinder. 여기 내 아이들이 있어요.

3) kein oder nicht
  kein은 명사를 부정할 때, nicht는 동사, 형용사 혹은 문장 전체를 부정할 때 사용한다.
  ① Sie wohnt nicht in Seoul. 그녀는 서울에 살지 않아요.

Hier	ist	ein mein kein	Apfel.	Möchtest	du	einen meinen keinen	Apfel?
Hier	ist	eine meine keine	Banane.	Möchtest	du	eine meine keine	Banane?
Hier	sind	___ meine keine	Orangen.	Möchtest	du	___ meine keine	Orangen?

③ 현재인칭변화(불규칙)

현재인칭변화(불규칙)
다음 동사는 불규칙적으로 변화하는 동사인데 du와 er에서만 불규칙이고 다른 부분은 규칙적으로 변화한다. 암기할 때는 꼭 인칭과 함께 큰 소리로 읽으면서 암기하는 것이 효과적이다.(예: du nimmst, er nimmt) mögen과 möchten은 ich와 er의 변화가 같은 것에 유의하고 haben역시 불규칙 변화이다.
mögen과 möchten은 "좋아하다. 하고 싶다."라는 뜻이지만 후자의 표현이 더 공손한 표현을 나타낸다.

① Ich mag keinen Kaffee. 나는 커피를 좋아하지 않아.
② Möchtest du noch ein Stück Fleisch? 고기 한 덩어리 더 먹을래?
③ Möchtest du noch ein Bier trinken? 너 맥주 한잔 더 마실래?

인칭 \ 동사	essen 먹다	nehmen 취하다(take)	mögen 좋아하다	möchten 하고싶다	haben 가지다(have)
ich	esse	nehme	mag	möchte	habe
du	isst	nimmst	magst	möchtest	hast
er/sie/es	isst	nimmt	mag	möchte	hat
wir	essen	nehmen	mögen	möchten	haben
ihr	esst	nehmt	mögt	möchtet	habt
sie	essen	nehmen	mögen	möchten	haben
Sie	essen	nehmen	mögen	möchten	haben

D. 연습문제(Übung)

1. 밑줄친 부분에 적당한 말을 골라 넣으시오. (정답이 두 개일 수 있음)

1) *Herr Ober, bitte _________ Cola.*

   ① ein Glas
   ② einen Teller
   ③ ein Stück
   ④ einen Liter
   ⑤ eine Flasche

2) *Möchtest du noch _______ Fleisch?*

   ① ein Glas
   ② ein Stück
   ③ eine Dose
   ④ eine Tasse
   ⑤ etwas

3) *Was nimmst du, _______ Kaffee oder Tee?*

   ① eine Dose
   ② einen Teller
   ③ ein Kännchen
   ④ einen Löffel
   ⑤ eine Tasse

4) *Ich hätte gerne _________ Pommes!*

   ① eine Portion
   ② ein Stück
   ③ eine Tasse
   ④ ein Glas
   ⑤ eine Flasche

2. 올바른 관사를 고르시오.

1) *Frau Klein trinkt _______ Tasse Tee.*

   ① einen   ② eine   ③ eines   ④ einem   ⑤ ein

2) *Mina isst gern* ______ *Schokolade.*
   ① ein   ② eine   ③ einem   ④ eines   ⑤ ______

3) *Sabine und Andi möchten* _______ *Kaffee.*
   ① einen   ② eines   ③ ein   ④ eine   ⑤ einem

4) *Herr Klein nimmt* _______ *Hähnchen.*
   ① einem   ② ein   ③ eines   ④ eine   ⑤ ______

5) *Familie Kang bestellt* ______ *Flasche Wein.*
   ① eines   ② eine   ③ ein   ④ einem   ⑤ einer

3. 알맞은 어미를 넣으시오.

1) △ Mina, möcht____ du auch einen Kaffee?
   ▼ Nein, ich möcht___ lieber einen Tee.
2) △ Und ihr, Peter und Andi, was möcht____ ihr trinken?
   ▼ Wir möcht____ gerne zwei Cola.
3) △ Herr Ober, wir möcht____ bestellen.
   ▼ Ja, bitte. Was möcht____ Sie?
4) △ Wir möcht____ eine Tasse Kaffee, eine Tasse Tee
     und zwei Cola.

4. kein, nicht, ein을 넣으시오.

1) Magst du Schokolade? Nein, Schokolade mag ich _______ so gerne.
2) Trinkst du _______ Kaffee? Doch, ich möchte auch einen.
3) Haben Sie noch ein bisschen Wein? Nein, wir haben leider _______ mehr.
4) Nimmst du noch etwas Fisch? Nein, danke. Ich möchte ______ Fisch mehr.
5) Wie schmeckt es dir? Gut, nur das Bier schmeckt mir _______.
6) Noch ______ Tasse Tee? Ja, gerne.
7) Möchtest du noch ______ Flasche Cola? Nein danke, ich habe genug.
8) Bitte, was nehmen Sie? Wir möchten ____ Eis und ____ Stück Kuchen.

5. 동사를 알맞게 변화시키시오.

1) *essen*

Ich _________, du _________, wir __________, ihr ________ eine Pizza.

2) *trinken*

   Ich _________, er _________, sie _________, Sie __________ eine Cola.

3) *bestellen*

   Ich __________, du __________, wir __________, ihr _________ einen Kaffee.

4) *nehmen*

   Ich __________, du __________, ihr __________, Sie __________ ein Eis.

5) *mögen*

   Ich ________, sie _________, wir __________, ihr _________ kein Bier.

6) *haben*

   Ich _________, du _________, wir ________, sie __________ Hunger.

6. 미나는 무엇을 좋아하고(^^) 안디와 자비네는 무엇을 싫어(-.-)하나요?
   주어진 단어를 이용하여 보기와 같은 문장을 만드시오.

   Mina   (^^) Schokolade, Eis, Tee   (-.-) Cola, Bier, Fisch

> [^^] Mina mag Schokolade, Eis und Tee.
> [-.-] Sie mag keine Cola, kein Bier und keinen Fisch.

   1) Andi   (^^) Kaffee, Bier, Hamburger (-.-) Tee, Gemüse, Kuchen

      ____

   2) Sabine (^^) Cola, Pommes, Milch   (-.-) Fleisch, Reis, Schnaps

      ____

7. 먹고 마실수 있는 것은 무엇입니까? 먹을 수도 마실 수도 없는 것은 무엇입니까?
   다음표에 알맞은 단어를 넣고 그 단어의 성을 기입하시오.

> Glas/ Kaffee/ Bier/ Brot/ Wurst/ Dose/Limonade/Brötchen
> Schnaps/ Käse/ Tee/ Wurst/ Schokolade/ Gabel/ Eier
> Messer/ Kuchen/ Teller/ Tasse/ Milch/ Kakao/ Löffel/ Flasche

먹는 것	마시는 것	먹을수도 마실수도 없는 것

8. 다음에 제시된 문장중에서 손님이 말하는 사항은 Gast의 (G)로 웨이터가 말하는 사항은 Ober의 (O)로 보기와 같이 표시하시오.

1) Und was nehmen Sie, bitte? (O)

2) Die Karte, bitte! (　　)

3) Ich möchte einen Kaffee. (　　)

4) Und was möchten Sie trinken? (　　)

5) Ich nehme auch ein Schnitzel mit Pommes. (　　)

6) Herr Ober, zahlen bitte! (　　)

7) Zusammen oder getrennt? (　　)

8) Getrennt bitte. (　　)

9) Die Rechnung, bitte. (　　)

10) Geht das getrennt oder zusammen? (　　)

11) Stimmt so. (　　)

독일의 식사

아침 식단

주부의 점심 식탁준비

여름 오후의 티타임

　독일인이 즐겨 먹는 대표적 식품으로 다양한 종류의 감자요리와 소금에 절인 양배추 Sauerkraut를 들 수 있다. 전자가 우리나라의 밥이라면 후자는 김치에 해당한다고 보면 된다. 아래의 표에서 보는 것처럼 간단한 아침식사 후에 점심은 따듯하게 먹고 저녁 먹기 전에 오후에 차 한잔과 함께 케이크 한 조각을 먹는 커피타임 Kaffeepause을 가진다. 흔히 독일음식은 기름지고 양이 풍부하지만 요즈음 젊은이들은 채식주의자들이 많아서 점심에도 따뜻한 정찬 보다 샐러드 같은 다이어트 음식을 선호하기도 한다. 일요일에는 온 가족이 함께 모여 느지막이 아침 겸 점심을 먹곤 한다.

　식당에 가서 식사를 할 때는 보통 돼지고기와 소시지 Wurst를 맥주 Bier와 함께 즐겨 먹는다. 독일에는 지역마다 그 지방이나 도시의 이름을 딴 소시지나 맥주가 있다. 각 지역마다 맛이 다르고 특색이 있어 다른 지방에 가서 그곳에서 생산되지 않는 소시지와 맥주를 주문하면 그 고유의 참 맛을 즐기기가 어렵다. 빵 또한 지역적으로 350개의 빵 종류가 있으며 매일 아침 갓 구워낸 빵을 빵집에서 사 먹을 수 있다. 그러나 독일의 음식문화는 남유럽의 영향을 많이 받아 국수류, 샐러드 등이 독일 음식에 도입되어 애용되고 있다.

6시 30분 - 8시	아침 Frühstück	우유, 홍차나 커피, 빵	kalt 차가운 음식
12시 - 1시	점심 Mittagessen	정찬	warm 따뜻한 음식
4시	간식 Kaffeepause	커피와 케이크 한 조각	
5시 30분 - 7시 30분	저녁 Abendessen	간단한 식사	kalt 차가운 음식

맥주 축제

　새로운 맥주가 나오는 봄에는 독일 전국에서 맥주축제가 열린다. 맥주축제에 가면 독일인들은 남녀노소 할 것 없이 어울려 즐겁게 노래하고 춤을 추며 즐거운 시간을 보낸다. 맥주 축제 중에 가장 유명하고 큰 축제는 뮌헨의 10월 축제 Oktoberfest를 들 수 있다. 이곳에 참여하기 위해 외국인들은 수개월간 저축해서 모은 돈으로 먹고 마시며 즐긴다. 이 축제에서 대형 천막을 치고 정면에 악단이 음악을 연주하면 손님들이 함께 악단의 연주에 맞추어 노래를 한다. 일반적으로

맥주 12개를 한꺼번에

독일인들은 대체로 술을 취하도록 마시지 않지만 설령 취한다 하더라도 실수를 하지 않는다. 아무리 만취한 사람이라도 실수하거나 시비를 거는 사람이 하나도 없다는 사실에서 절제를 지키는 독일인의 기질을 볼 수 있다.

독일인이 식사하는 곳

　독일인들도 여느 나라 사람들과 같이 식사는 주로 집에서 하고 특별한 날에만 외식을 한다. 독일에는 외국 음식점을 쉽게 찾아볼 수 있는데 가장 많은 곳은 이태리 음식점이고 그리스, 터키 음식점도 종종 볼 수 있다. 이 밖에도 중국, 태국, 인도 등의 아시아 요리를 파는 음식점이 있다. 회사원들은 구내식당 Kantine을 이용하고 학생들은 학생식당 Mensa을 주로 이용한다. 학생식당은 보통 정부의 지원을 받기 때문에 저렴한 가격에 질 좋은 음식을 먹을 수 있다. 그밖에 독일에는 가벼운 식사나 간식을 파는 스낵코너 Imbiss가 곳곳에 있다. 이곳에서는 소시지나 감자튀김을 먹으며 저렴한 가격으로 신속하게 식사를 해결할 수 있다. 독일 젊은이들 또한 패스트푸드 점에서 햄버거 등 간편한 인스턴트 음식을 즐기는 것은 우리와 별 차이가 없다.

스낵 코너

식사 주문과 인사말

　식당에 가서 주문을 하면 웨이터는 메뉴판 Speisekarte을 가져오는데 전채요리(Vorspeise: Salat, Suppe 샐러드와 스프), 메인 요리(Hauptgericht), 후식(Nachspeise: 케익, 아이스크림, 차) 등이 있다. 보통 한국에서는 식사 후에 물을 마시지만 독일에서는 식사하면서 마시기 때문에 주문도 먼저 음료 Getränk를 주문하는 것으로 시작한다. 독일을 비롯한 서양에서는 식사 도중에 큰소리를 내면서 거리낌없이 코를 푼다. 그러나 쩝쩝 소리를 내며 음식을 먹거나 트림을 하는 것은 예의에 어긋나는 행동으로 생각하는 등 식사 매너에서 다소 차이가 있다.

식사하기전 인사말	Guten Appetit! (맛있게 드세요!)
식사하면서 하는 말	Schmeckt es Ihnen(dir)? (맛있어요?) Ja, sehr gut. (네, 매우 좋아요) Möchten Sie noch etwas? (더 드시겠어요?) Nein, danke. Ich habe genug. (충분합니다.) Danke, ich bin satt. (배불러요.)
식사후	Hat es geschmeckt? (맛있었어요?) Danke, sehr gut.(고마워요, 아주 맛있었어요)

4과 Der erste Tag im Goethe-Institut 독일 문화원에서의 첫날

A. 대화(Dialog)

a. Im Goethe-Institut 독일 문화원에서

독일문화원에 걸린 각국의 인사말   독일문화원 교실

Lehrer:	Guten Morgen! Mein Name ist Martin Moser.
	Willkommen im Goethe-Institut.
Alle:	Guten Morgen!
Lehrer:	Haben Sie Fragen[1] zum Unterricht[2]?
Student 1:	Ja, ich habe eine Frage.
	Von wann[3] bis wann haben wir Unterricht?
Lehrer:	Von Montag[4] bis Freitag[5].
Student 2:	Haben wir auch am Wochenende[6] Unterricht?
Lehrer:	Am Samstag[7] und Sonntag[8] haben wir natürlich keinen Unterricht.
Mina:	Um wie viel Uhr fängt[9] der Unterricht an?
Lehrer:	Er beginnt[10] um halb neun und hört[11] um ein Uhr auf.
Student 3:	Haben wir auch Pause[12]?
Lehrer:	Ja, klar. Von Viertel nach zehn bis Viertel vor elf.

---

1) Frage die -n 질문 eine~ haben 질문이 있다.
2) Unterricht der 수업 ~ haben 수업이 있다.(공식적인 수업.)
   　　　　　　　　　 ~ nehmen 수업을 받다.(개인렛슨)
3) wann (의문사) 언제
4) Montag der 월요일
5) Freitag der 금요일
6) Wochenende das -n 주말
7) Samstag der 토요일
8) Sonntag der 일요일
9) an/fang-en v. 시작하다
10) beginn-en v.= anfangen 시작하다
11) auf/hör-en v. 끝마치다 ↔ anfangen
12) Pause die -n 쉬는 시간 ~ haben 쉬는 중이다, ~ machen 휴식하다

세계영화제가 열렸던 베를린의 Zoo Palast

극장에서 상영중인 영화포스터

Carlo: Mina, warte[1] mal[2]! Hast du heute Abend schon etwas vor?

Mina: Nein, noch nicht. Warum[3]?

Carlo: Gehen wir ins Kino[4]?

Mina: Nein, heute habe ich überhaupt[5] keine Lust[6].

Carlo: Schade[7]! Wann hast du denn Zeit[8]?

Mina: Vielleicht[9] am Wochenende.

Carlo: Geht[10] es am Samstag?

Mina: Ja, gut.

Carlo: Ich rufe[11] dich am Freitagabend[12] an.

Mina: Okay, tschüs[13]!

---

1) wart-en v. (auf+4격) 기다리다
2) mal adv. 서술문이나 명령법에서 개인적인 친분이 있을 경우에 사용하고 요구, 독촉, 권유 등을 나타낸다.
3) warum (의문사) 왜
4) Kino das -s 극장
5) überhaupt 전혀 (부정을 강조할 때 사용)
6) Lust haben ....하고 싶다 ↔ keine Lust haben .....할 생각이 없다.
7) schade 유감스러운
8) Zeit die 시간 (keine) Zeit haben 시간이 있다(없다)
9) vielleicht adv. 아마, 확실하지 않은
10) geht es 그때 가능해. 괜찮아.
11) *an*/ruf-en v. (+4격) 전화걸다.
12) Freitagabend der -e 금요일 저녁
13) tschüs 안녕(비공식적인 작별인사)

시간

die Jahreszeiten 계절

der Frühling

der Sommer

der Herbst

der Winter

봄

여름

가을

겨울

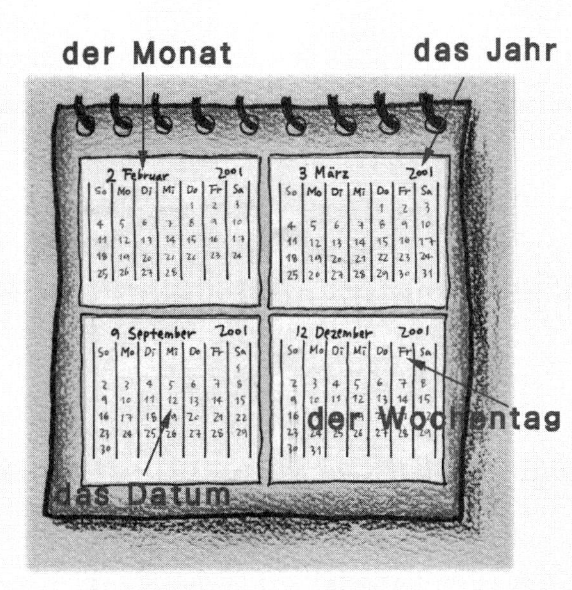

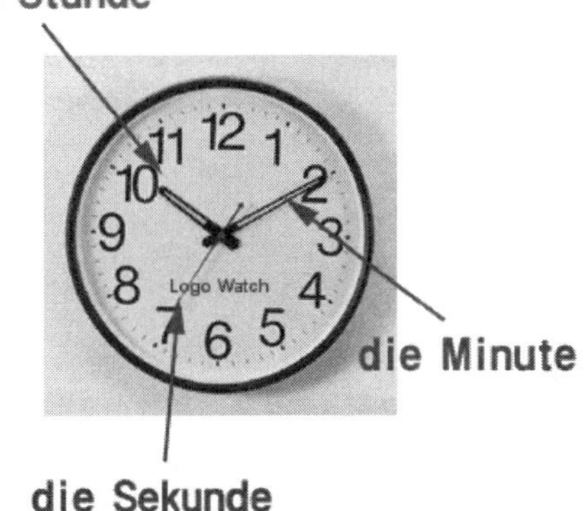

die Uhrzeit 시각

Jahr, das (-e)	해, 년(年)	Mai	5월
Monat, der (-e)	달, 월(月)	Juni	6월
Januar	1월	Juli	7월
Februar	2월	August	8월
März	3월	September	9월
April	4월	Oktober	10월
November	11월	Donnerstag	목요일
Dezember	12월	Freitag	금요일
Wochentag, der (-e)	평일, 근무일	Samstag (Sonnabend)	토요일
Montag	월요일	Sonntag	일요일
Dienstag	화요일	Stunde, die (-n)	시간
Mittwoch	수요일	Minute, die (-n)	분
		Sekunde, die (-n)	초

Info

독일인의 여가시간

법정휴가가 6주나 되는 독일은 레저산업이 매우 발달되어 있고 국민 모두 레저에 지대한 관심을 가지고 있다. 특히 독일인들은 스포츠에 가장 관심을 많이 가지고 즐긴다. 곳곳에 산재해 있는 크고 작은 축구장 이외에 모든 도시마다 운동장은 물론 실내·외 수영장, 농구, 배구, 탁구, 테니스 등을 할 수 있는 실내 체육관 시설이 완비되어 있어 이를 누구나 자유롭게 이용할 수 있다. 또한 시에서는 일반인을 대상으로 육상, 수영, 싸이클, 스키, 하이킹 대회를 개최하며 시민들이 적극적으로 참여하고 있다.

젊은이들은 디스코텍에 가서 춤추거나 또래들과 어울리고 부모들은 따로 즐긴다. 우리나라 극장에는 관람객 대부분이 젊은 층이나 독일극장에는 장년, 노년층이 많다. 나이든 사람들도 예전에는 정적인 휴식을 즐겼으나 이제는 동적인 휴식을 원해 번지점프, 페러글라이딩을 하는 모습을 종종 볼 수 있다.

C. 문법(Grammatik)

① 서수

서수는 1부터 3까지 서수 숫자를 암기하고 4부터 19까지는 기수에 t를 붙이고 20부터는 기수에 st를 붙인다.

erst, zweit, dritt, viert ....neunzehnt , zwanzigst , zweiundzwanzigst ....hundertst

② 날짜와 연도

쓸 때	읽을 때
① 1789	siebzehnhundertneunundachtzig
2006	zweitausendsechs
② 1. Mai	erster Mai – Heute ist der erste Mai.
③ 1.5.	erster Fünfter – Heute ist der erste Fünfte.
④ *28.8.1749	Goethe ist am achtundzwanzigsten Achten siebzehnhundertneunundvierzig geboren.
⑤ Köln, den 11. 7. 1999	Köln, den elften Siebten neunzehnhundertneunundneunzig

① 연도는 두자리씩 끊어 읽고 붙여쓴다.

연도 das Jahr: 1789　siebzehnhundertneunundachtzig

숫자 die Zahl: 1789　eintausendsiebenhundertneunundachtzig

② 날짜는 서수로 표현한다. 서수를 나타낼 때는 숫자다음에 .을 찍고 형용사변화(10과 문법 참조)를 한다.

1. Mai　→ erster Mai.　5월 1일

Heute ist der erste Mai.　오늘은 5월 1일 입니다.

③ 날짜 앞에는 전치사 am을 붙이거나 den을 붙인다.

Ich komme am 28. 8. (achtundzwanzigsten Achten, am achtundzwanzigsten August) 나는 8월 28일에 옵니다.

Heute haben wir den 28. 8. (achtundzwanzigsten Achten, den achtundzwanzigsten August) 오늘은 8월 28일 입니다.

④ 괴테는 1749년 8월 28일에 탄생하였습니다.

⑤ 편지를 쓸 때 장소, 날짜, 달, 연도순서로 기록한다.

Köln, den 11. 7. 1999 (elften Siebten neunzehnhundertneunundneunzig)

1999년 11월 7일 쾰른에서

③ 시계 보는 법

기차시간 등 공적인 시간은 시각을 먼저 분을 나중에 읽는데 분 다음에 Minute라는 말은 생략한다. 일상회화에서 주로 사용되는 비공식적인 시간을 말할 때 우선 분을 먼저 쓰고 시각이 온다. 1분부터 20분까지는 'nach ...후에' 라는 전치사를 40분부터 1분전까지는 'vor ...전에'를 사용한다. 30분은 말하고자 하는 시간보다 한시간 후로 말하는 것에 유의해야 한다. 20분은 30분을 기준으로 10분 전이라고 하고 40분은 30분을 기준으로 10분 후라고 한다.

공식적인 시간		비공식적인 시간
8.05	acht Uhr fünf	fünf nach acht
8.15	acht Uhr fünfzehn	Viertel nach acht
8.20	acht Uhr zwanzig	zwanzig nach acht(zehn vor halb neun)
8.30	acht Uhr dreißig	halb neun
8.40	acht Uhr vierzig	zwanzig vor neun(zehn nach halb neun)
8.45	acht Uhr fünfundvierzig	Viertel vor neun
8.55	acht Uhr fünfundfünfzig	fünf vor neun
21.30	einundzwanzig Uhr dreißig	halb zehn
0.05	null Uhr fünf	fünf nach zwölf

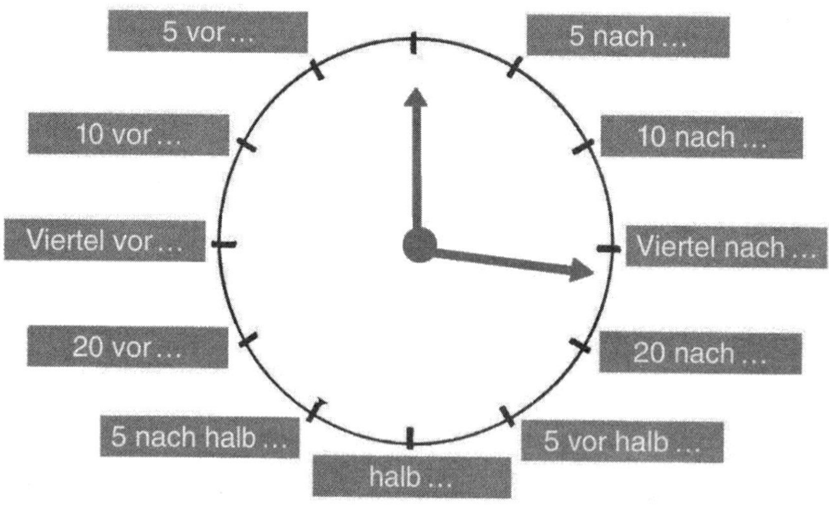

④ 시간, 날짜를 나타내는 의문사와 전치사

1) 시간

① Wie viel Uhr ist es(Wie spät ist es)?　　Es ist Viertel nach zehn.
② Wie lange dauert der Unterricht?　　2 Stunden.
③ Wann haben wir Unterricht?　　Am Montagnachmittag.
④ Wann gehst du zum Deutschunterricht?　　Nach dem Essen. (+Dativ)
⑤ Um wie viel Uhr fängt der Unterricht an?　　Um 8 Uhr.
⑥ Geht es am Samstag?　　Ja, das geht.

① 지금 몇 시입니까?　　10시 15분입니다
② 강의는 얼마동안 계속됩니까?　　2시간입니다.
③ 우리는 언제 수업을 하지요?　　월요일 오후입니다.

④ 너는 언제 독일어 수업을 하러 가니? 식사한 다음에 (+3격)
⑤ 수업은 몇 시에 시작됩니까? 정각 8시입니다.
⑥ 토요일은 괜찮아? 그래, 좋아.

2) 날짜
① Welcher Tag ist heute? Heute ist der 31. Juli.
② Wie lange bleibst du? Vom 2. bis zum 8. August.
③ Seit wann arbeitest du hier? Seit dem 1. Januar.
④ Wann kommst du an? Am 3. August.

① 오늘은 며칠입니까? 오늘은 7월 31일입니다.
② 너는 얼마동안 머무니? 8월 2일부터 8일까지.
③ 너는 언제부터 여기서 일하고 있니? 1월 1일 부터.
④ 너는 언제 도착하니? 8월 3일에.

1) ① 시각을 나타낼때 비인칭의 es를 사용한다.
   ② 언제부터 언제까지의 전치사는 von....bis. 한시간 Stunde. 두시간 Stunden
   ⑤ 정각을 표현할 때는 um, 무렵(쯤)일 경우에는 gegen이라는 전치사를 쓴다.
   ⑥ 요일과 하루의 시간을 나타낼 때는 전치사 am, 달과 계절 앞에는 전치사 im을 사용한다.

2) ④ wann (언제)으로 물어 보았을 때의 대답
   하루동안의 어느시각: am Morgen 아침에, am Vormittag 오전에,
   am Nachmittag 오후에, am Abend 저녁에 in der Nacht 밤에
   요일: am Montag 월요일에, am Dienstag 화요일에.
   달: im April 4월에, im Mai... 5월에
   계절: im Sommer 여름에, im Herbst...가을에

⑤ 분리, 비분리동사

① Der Unterricht **beginnt** um 9 Uhr.
② **Hast** du heute Abend schon etwas **vor**?

① 강의는 정각 9시에 시작됩니다.
② 너 오늘 저녁에 무슨 계획있어?

beginnen 이라는 동사는 어떠한 경우라도 문장에서 분리해 쓸 수가 없는 반면,
*vor*haben 이라는 동사는 분리해서 쓰이는데 이를 분리동사, 비분리동사라고 한다.
(11과 문법참조)

독일어는 영어와 같이 긍정일 때는 ja, 부정일 때는 nein으로 답하는 것은 동일하다. 그러나 부정으로
질문을 했으나 긍정의 대답을 할 때는 doch라고 대답하는 것이 영어와 다른 점이다.

① Kommen Sie aus Korea?　　　　　　Ja, ich komme aus Korea.
② Bist du müde?　　　　　　　　　　Nein, ich bin nicht müde.
③ Wohnt Mina nicht in Köln?　　　　Doch, sie wohnt in Köln.

① 당신은 한국에서 오셨습니까?　　　　네, 저는 한국에서 왔습니다.
② 너 피곤하니?　　　　　　　　　　아니, 나는 피곤하지 않아.
③ 미나가 쾰른에 살고 있지 않지요?　　왜 아니겠어요, 그녀는 쾰른에 살고 있어요.

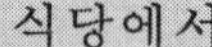

Info

식당에서

독일 식당에서 웨이터를 부를 때 흔히 "웨이터 양반 Herr Ober"이라고
부르지 우리처럼 "아가씨 Fräulein" 라는 호칭을 사용하면 싫어한다.
대신 "여기 좀 와주세요 Hier bitte!" 라고 부르면서 손을 흔든다.
계산할 때도 "계산해주세요 Bitte zahlen!"라고 한다. "메뉴판을 가져다
주세요 Die Karte bitte!" 라는 손님의 요청에 웨이터는 수첩과 펜을
가져와 "무엇을 드시겠습니까? Was möchten Sie bitte?" 라고 하며
손님이 주문한 것을 적는다. 독일사람들은 특별한 날을 제외하고 계산할
때 따로 getrennt하고, 가족모임이거나 상대방을 초대했을 경우에만 함께
zusammen계산한다. 서비스가 좋을 경우 팁 Trinkgeld은 5%-10%
주거나 거스름돈을 받지 않고, 팁대신 줄 경우에는 "됐어요, 그냥 두세요
Stimmt so"라고 한다.

D. 연습문제(Übung)

1. 어떤 시간이 맞는지 표시하시오. (정답이 둘일 수 있음)

   1) Viertel nach sieben   ①7:25   ②7:15   ③19:25   ④6:15   ⑤19:15
   2) Fünf vor halb zwölf   ①11:35   ②11:15   ③12:25   ④11:25   ⑤23:30
   3) Viertel vor drei   ①2:45   ②2:15   ③14:45   ④14:30   ⑤2:25
   4) Kurz vor sechs   ①17:57   ②17:40   ③5:58   ④5:50   ⑤18:00

2. 시계를 보고 시각(공식적인 시간과 비공식적인 시간)을 적으시오!
   (숫자로 쓰지 마시오)

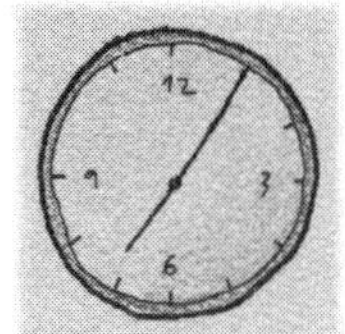 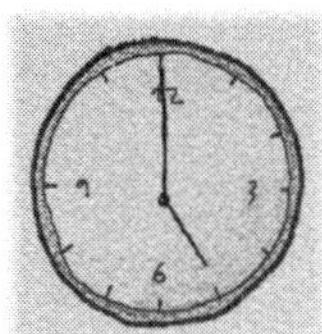 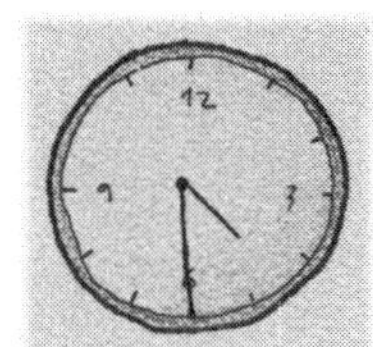 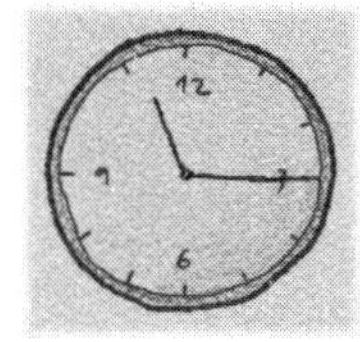

   1) __________   2) __________   3)__________   4)__________

3. 다음 대화에서 적당한 답을 고르시오.

   1) *Entschuldigung, wie spät ist es?*
      ① Vier.
      ② Um vier.
      ③ So um vier.
      ④ Es ist vier Uhr.
      ⑤ Von Vier.

   2) *Wann hast du denn Zeit?*
      ① Am Montag.
      ② Drei Uhr.
      ③ Um drei.
      ④ Drei Stunden.
      ⑤ Nachmittag.

   3) *Wie lange dauert der Deutschkurs?*
      ① 4 Wochen.
      ② Von Anfang Juli

③ Von Juni bis Juli.

④ Im Juni bis Juli.

⑤ Einen Monat.

4) *Um wie viel Uhr kommst du?*

① Zehn Uhr.

② Um zehn Uhr.

③ Im zehn Uhr.

④ Um zehn.

⑤ Gegen zehn.

5) *Wann hast du denn Geburtstag?*

① Im August.

② Bis August.

③ Nach August.

④ Am 3. August.

⑤ Am dritten August.

4. 적당한 의문사를 보기에서 고르시오.

> wann, wie lange, wie viel, wie spät

1) ________ hast du Englischunterricht? Am Montagabend und am
   Mittwochvormittag.
2) Entschuldigung, __________ Uhr ist es bitte? Halb drei.
3) __________ machen wir Pause? Ungefähr eine halbe Stunde.
4) _________ kommst du heute Abend? So um sieben.
5) __________ ist es bitte? Genau zwei Uhr.
6) Um _________ Uhr beginnt der Film? Um acht.
7) __________ dauern deine Ferien? Von Anfang Juli bis Ende August.
8) ________ fährst du nach Hause? Am Mittwoch.
9) __________ arbeitest du heute? Bis 1 Uhr.
10) ________ hast du Geburtstag? Am 10. August.

5. 수업중에 선생님은 학생들에게 무엇이라고 말씀하십니까?

> hören → *Bitte hören Sie!   Bitte hört!*

1) *zu*hören____________________________

2) schreiben__________________________________

3) lesen__________________________________

4) Sätze machen__________________________________

5) noch einmal hören__________________________

6) buchstabieren________________________________

7) laut sprechen________________________________

6. 알맞는 전치사를 넣으시오.

> am, gegen, bis, von, um,
> vor, nach

Bettina erzählt:

Heute ist Montag. ①____ Morgens gehe ich in die Schule. Der Unterricht dauert ②____ acht ③____ eins. Mittags ④____ halb eins gehe ich nach Hause. Meine Mutter kommt immer kurz ⑤____ eins. Dann essen wir zusammen. ⑥____ halb drei habe ich Klavierunterricht. Der Unterricht dauert ⑦____ 4 Uhr. Nach dem Unterricht gehe ich nach Hause und mache Hausaufgaben. ⑧____ Montagabend sehe ich immer fern. Meine Lieblingssendung beginnt ⑨ ____ Viertel ⑩____ acht. So ⑪____ 10 gehe ich dann ins Bett und lese noch ein bisschen.

7. 여기 베토벤의 생애에 있어서 중요한 날짜들이 있습니다. 다음 텍스트를 읽고 지시한 날짜를 읽어보시오.

Beethoven ist in Bonn geboren. Sein Geburtstag ist der 17.12.1770. Am 26.3.1827 ist er in Wien gestorben. Er hat also 57 Jahre gelebt.

본에 있는 베토벤 생가

1) der 17. 12. 1770 ____

2) am 26. 3. 1827 ____

3) 57 Jahre ____

당신의 경우는? 생일이 언제이지요? 그리고 오늘은 며칠입니까?

4) Mein Geburtstag ist am _________________________________

5) Heute ist der ____

8. 미나는 오전에 독일문화원에 오후에는 카를로와 영화관에 갑니다. 여기 자비네의
   일정표가 있습니다. 읽은 후에 보기와 같이 문장을 만드시오.

1) 7:00	der Wecker klingelt	Um 7 Uhr klingelt der Wecker.
2) 7:15	aufstehen	
3) 8:00	frühstücken	
4) 8:30	duschen	
5) 9:00	aus dem Haus gehen	
6) Vormittags	Unterricht haben	
7) Mittags	in der Mensa essen	
8) 15:00	nach Hause gehen	
9) 16:00	Hausaufgaben machen	
10) 19:00	fernsehen	
11) 21:00	Freunde *anrufen*	
12) 23:00	ins Bett gehen	

독일문화원과 독일대학어학시험

미나가 자비네의 도움을 받아 등록한 독일 문화원을 왜 Goethe-Institut라고 할까? 괴테를 연구하는 곳이라서 일까? 천만의 말씀. Johann Wolfgang von Goethe(1749-1818) 는 독일뿐만 아니라 세계적인 천재작가인 것은 이미 알려진 사실이다. 독일을 대표할 수 있는 작가 괴테의 이름을 빌어 독일문화를 알리는 곳이 바로 독일 문화원이다. 이곳에선 독일의 정치, 경제, 사회를 비롯하여 독일문화를 전달해 주고 독일어를 교육하고 있다. 독일 현지에 있는 독일 문화원을 비롯하여 전 세계의 70 여개국에 위치하고 있는 150여개의 독일 문화원을 통해서 체계적인 어학강습을 받을 수 있다. 이 독일 문화원에서 사람들은 최신의 설비와 최고의 강사로부터 독일어뿐만 아니라 독일문화를 습득할 수 있다. 독일 문화원의 강사들은 모두 '외국인을 위한 독일어 과정'의 학위를 가지고 있으며 모든 강의는 독일어로 진행되며, 정규시간 이외에도 독일문화와 독일 사정을 이해하기 위해 방과 후나 주말을 이용하여 독일문화를 체험할 수 있는 프로그램을 마련하고 있다.

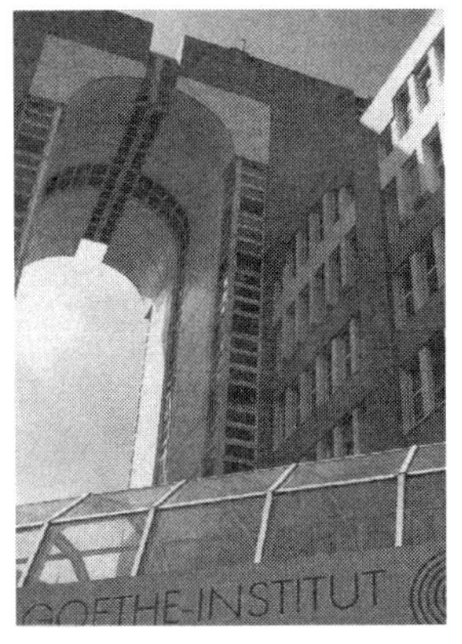

Düsseldorf에 있는 독일문화원

우리나라에는 서울, 대전에 있으며, 여기서 발급되는 어학증명서는 독일대학에서도 인정받고 있다. 독일에 있는 독일문화원의 등록금이 다소 비싼 편이나 숙소에서부터 학업, 자유시간에 이르기까지 완벽한 지도를 함으로서 명실 공히 독일문화원에서의 어학교육은 세계 최고의 수준이라고 해도 과언이 아니다.

독일대학의 어학시험(DSH)과 유학생으로서 주의할 사항

외국인으로서 독일 대학에 진학하기 위해서 반드시 대학 당국에서 실시하는 어학시험에 합격해야만 한다. 이를 위해 각 대학에서는 어학과정을 개설하고 있으나 지원자가 많아서 참가 자격을 얻기가 쉽지 않다. 또한 독일 대학에서 실시하는 어학 코스에는 초급 과정은 거의 없고 어학실력이 이미 상당히 갖추어진 학생들이 참여할 수 있는 중급 과정 이상이 개설되어 있다. 전공과목을 이수할 만한 어학실력을 테스트하기 위한 독일어 실력증명테스트(DSH)시험에 2번 이상 불합격하면 재응시가 불가능하기 때문에 많은 학생들이 독일문화원이나 사설 어학원에 다니고 있다. 독일에 체류하면서 어학을 연마하기에는 비용과 시간이 많이 들기 때문에 독일에 유학하고자 하는 사람들은 고국에서 어느 정도 독일어 기본실력을 갖추고 가는 것이 좋다. 또한 독일에서 공부를 하려면 관광비자로 불가능하기 때문에 반드시 한국에 있는 독일대사관에서 발급하는 학업비자를 받아야 한다. 즉 독일 현지에서 학생비자를 받을 수 없다는 점을 각별히 유의하여야 한다.

국내에서 독일어를 습득하려면?

현재 국내에서 독일어를 교육하고 있는 곳으로 서울 남산과 대전에 있는 독일문화원이 있다. 이곳에서는 전 과정을 독일어로 교육하고 있으며 한 단계가 끝나고 다음단계로 진급하기 위해서는 반드시 듣기, 말하기, 쓰기 등의 시험을 치르며 합격한 학생에게는 수료증을 준다. 이 수료증은 독일대학에서도 유효하다. 더 자세한 사항은 www.goethe.de 혹은www.goethe.de/os/seo의 독일 문화원 웹페이지에서 검색이 가능하다.

5과　Der Weg nach Hause 집으로 가는길

A. 대화(Dialog)

a. Und was nimmst du? 그런데 너는 무엇을 타고 다니니?

버스정류장

베를린에 있는 전철역

Andi:　Hi Mina! Woher kommst du denn?

Mina:　Aus dem Goethe-Institut. Und du?

Andi:　Aus der Uni[1]. Welchen Bus[2] nimmst[3] du?

Mina:　Linie[4] 12.

Andi:　Ich auch.

　　　　Fährst du immer[5] mit dem Bus?

Mina:　Nein, nicht immer. Manchmal[6] nehme ich auch die Straßenbahn[7]. Und du?

Andi:　Ich fahre manchmal mit dem Fahrrad[8].

Mina:　Hast du kein Auto[9]?

Andi:　Nein, ich habe keins.

Mina:　Du Andi, ich steige[10] hier aus.

Andi:　Tschüs dann.

Mina:　Tschüs.

---

1) Uni die 대학교 (Universität die -en)의 약자
2) Bus der -se 버스
3) nehm-en v. 타다,
4) Linie die -n 노선. Buslinie 버스노선, U-Bahnlinie 지하철 노선
5) immer adv. 늘, 항상
6) manchmal adv. 가끔
7) Straßenbahn die -n 전차
8) Fahrrad das -räder 자전거 Fahrrad fahren 자전거를 타다.
9) Auto das -s 자동차　Auto fahren 자동차를 타다
10) aus/steig-en v.차에서 내리다. ↔ einsteigen 차를 타다

▶ *b. Und wie teuer ist...?* 그런데 얼마지요?

(Im Schreibwarenladen:문구점에서)

문구점

서점

Verkäuferin: Kann ich Ihnen helfen?

Mina: Ja. Ich brauche[1] Papier[2], zwei Hefte[3], einen Bleistift[4] und einen Radiergummi[5].

Verkäuferin: Schauen[6] Sie mal hier!

Mina: Wie viel kostet[7] der Bleistift hier?

Verkäuferin: 60 cent.

Mina: Und der Radiergummi?

Verkäuferin: Der kostet 50 cent.

Mina: Ich nehme den Bleistift, den Radiergummi und die zwei Hefte hier.

Verkäuferin: Brauchen Sie noch etwas?

Mina: Ja, ich brauche noch ein Lineal[8] und einen Kugelschreiber[9].

Verkäuferin: Das ist alles?

Mina: Ja, danke.

Verkäuferin: Das macht zusammen 6 Euro 24.

Mina : Hier sind 10 Euro.

Verkäuferin: Und 4 Euro zurück.

---

1) brauch-en v. 필요하다
2) Papier das - 종이
3) Heft das -e 공책
4) Bleistift der -e 연필
5) Radiergummi der -s 지우개
6) schau-en v. 보다
7) kost-en v. 값이 얼마하다. +wie viel 과 함께 사용
8) Lineal das -e 자
9) Kugelschreiber der 볼펜

교통

das Flugzeug   der Zug   das Auto   der Bus

die Straßenbahn   das Fahrrad   das Schiff   der Fußgänger

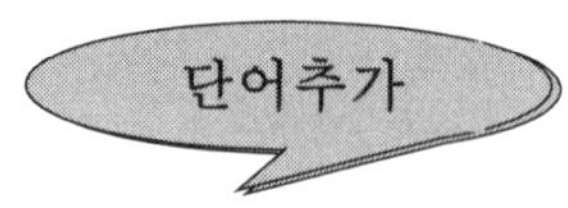

Flugzeug, das (-e)	비행기
Zug, der (ü, -e)	기차
Auto, das (-s)	자동차
Bus, der (-se)	버스
Straßenbahn, die (-en)	전차
Fahrrad, das (-ä -er)	자전거
Schiff, das (-e)	배
Fußgänger, der (-)	도보자

1. **mit dem Zug fahren(=den Zug nehmen)** 기차를 타고 가다.
   Ich fahre mit dem Zug nach Seoul. 나는 기차를 타고 서울로 간다.

2. **mit dem Schiff fahren(=das Schiff nehmen)** 배를 타고 가다.
   Ich fahre mit dem Schiff auf die Insel Jeju. 나는 배를 타고 제주도로 간다.

3. **mit dem Auto fahren(=das Auto nehmen)** 자동차를 타고 간다.
   Fährst du mit dem Auto nach Hause? 너는 자동차를 타고 집으로 가니?

4. **mit dem Bus fahren(=den Bus nehmen)** 버스를 타고 가다.

Ich fahre mit dem Bus zur Arbeit. 나는 버스를 타고 일하러 간다.

5. **mit der Straßenbahn fahren(=die Straßenbahn nehmen)** 전차를 타고 가다.
   Ich nehme die Straßenbahn. 나는 전차를 타고 간다.

6. **mit dem Fahrrad fahren.** 자전거를 타고 가다.
   Ich fahre mit dem Fahrrad zur Uni. 나는 자전거를 타고 대학교에 간다.

7. **mit dem Flugzeug fliegen(=das Flugzeug nehmen)** 비행기를 타고 가다.
   Ich fliege mit dem Flugzeug nach Deutschland. 나는 비행기를 타고 독일로 간다.

8. **zu Fuß gehen** 걸어서 가다.
   Ich gehe zu Fuß in die Stadt. 나는 걸어서 시내에 간다.

9. **zu spät kommen** 너무 늦게 온다.
   Peter kommt zu spät zum Unterricht. 페터는 수업에 너무 늦게 온다.

10. **voll sein** 만원이다
    Der Bus ist voll. 버스가 만원이다.

11. **unpünktlich sein** 늦다
    Mein Freund ist immer unpünktlich. 내친구는 늘 늦는다.

12. **dauern** 걸리다
    Wie lange dauert die Zugfahrt von Seoul nach Daejeon? 서울에서 대전까지 기차로 얼마나 걸리지요?

13. ***ein*steigen** 타다
    Bitte einsteigen! Der Zug fährt ab. 승차하십시오! 기차가 떠납니다.

14. ***aus*steigen** 내리다
    Bitte aussteigen! Endstation. 내리십시오! 종점입니다.

15. ***ab*fahren** 떠나다
    Wann fährt der Zug ab? 그 기차는 언제 떠나지요?
    Um 15 Uhr 30. 정각 15시 30분입니다.

16. ***an*kommen** 도착하다
    Um wie viel Uhr kommt der Zug an? 그 기차는 정각 몇시에 도착하지요?
    Um 18 Uhr. 정각 18시입니다.

17. ***um*steigen** 갈아타다
    Wir steigen in Hannover um. 우리는 하노버에서 갈아탑니다.

C. 문법(Grammatik)

① 정관사와 부정관사

앞에 이미 한번 나온 명사를 지칭할 때 정관사를 사용한다.

Hier ist ein Buch.	Das Buch ist dick.
여기 책이 (한권) 있습니다.	그 책은 두껍습니다.

ein Buch의 ein은 부정관사로 '하나의' 혹은 다른 물건이 아닌 '책'이라는 분류를 나타내 주는 반면 'das Buch'의 Buch는 '다른 책'이 아니라 '여기에 있는 그 책'이라는 지시의 뜻을 가지고 있다. 정관사는 문장의 처음에 나오지 않고 부정관사가 먼저 제시된 다음에 나오게 된다.

Ich habe eine Kamera.	Und wie ist die Kamera?
나는 카메라를 (한 대) 가지고 있어.	그런데 그 카메라가 어때?

정관사의 변화표는 정확히 암기해 두어야 한다. 이 변화를 정확히 알면 부정관사 변화는 저절로 알게 된다. 정관사의 어미변화와 부정관사의 어미변화는 거의 동일하다. 예외로 부정관사의 남성 1격과 중성 1, 4격만 ein이 되는 것과 ein(어떤, 하나의)의 복수형이 없는 것만 유의하면 부정관사의 격 변화는 쉽게 익힐 수 있다.

<table>
<tr><th colspan="2">정관사</th></tr>
</table>

격 \ 성	m(남성)	f(여성)	n(중성)	p(복)
1(는)	d er	di e	d as	di e
2(의)	d es	d er	d es	d er
3(에게)	d em	d er	d em	d en
4(를)	d en	di e	d as	di e

부정관사

	m	f	n	pl
1	ein __	ein e	ein __	__
2	ein es	ein er	ein es	__
3	ein em	ein er	ein em	__
4	ein en	ein e	ein __	__

정관사에 준해서 변화하는 것은 지시대명사 dieser(이러한), jener(저러한), solcher(그러한), welcher(어떤), aller(모든) 등이 있다. (문법 11과 참조)

부정관사에 준해서 변화하는 것은 소유관사(소유대명사)와 kein이 있다. 소유관사와 kein의 어미변화는 단수에서는 부정관사, 복수에서는 정관사의 어미변화를 하는 것에 유의해야 한다. (문법 3, 8과 참조)

② 장소를 나타내는 의문사와 전치사

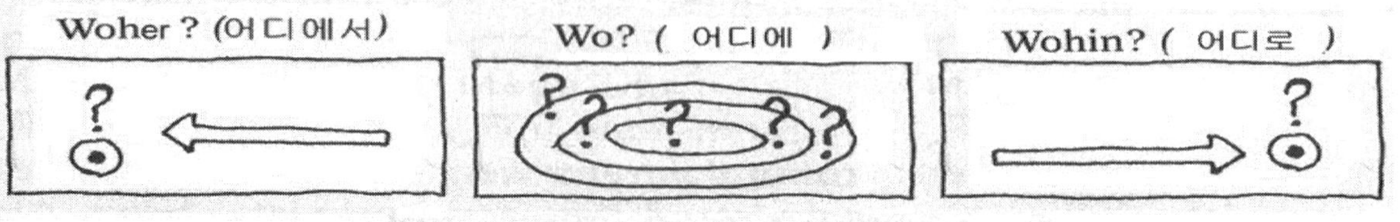

aus, von(3격)　　　　in, bei (3격)　　　　nach, zu (3격), in (4격)

(위치를 나타내는 전치사 9과 문법참조)

1) woher 어디에서: 어떤 곳으로부터 나올 때 von(3격), 출처 및 장소를 밝힐 때 aus(3격)

    ① **Woher** kommen Sie?   Ich komme **aus** Korea.
    ② **Woher** kommst du jetzt?   **Aus dem** Kino.
    ③ **Woher** kommt Sabine jetzt?   Sie kommt gerade **von der** Arbeit.
    ④ **Woher** kommt denn Carlo?   Er kommt **vom** (von+dem) Bäckerei.

    ① 당신은 어디에서 왔습니까?   나는 한국에서 왔습니다(출신).
    ② 너는 지금 어디에서 오는 거야? 극장에서.
    ③ 자비네는 지금 어디에서 오는 거지? 그녀는 방금 직장에서 왔어.
    ④ 그런데 카를로는 어디에서 오는 거야? 그는 빵집에서 오는 거야.

2)   wo 어디에서: 누구의 집에서 bei(3격), 직장앞의 전치사도 bei. 도시앞에 in.

    ① **Wo** wohnt Mina?   Sie wohnt bei Herrn Klein **in** Köln.
    ② **Wo** lernt Mina Deutsch?   Sie lernt Deutsch **im** (in+dem) Goethe-Institut.
    ③ **Wo** arbeitet er?   Er arbeitet **bei** Siemens.
    ④ **Wo** bist du gerade?   **Beim** (bei+dem) Friseur.

    ① 미나는 어디에 삽니까?   그녀는 퀼른에 있는 클라인씨집에 삽니다.
    ② 미나는 독일어를 어디에서 배우죠? 그녀는 독일어를 독일문화원에서 배웁니다.
    ③ 그는 어디에서 일합니까?   그는 지멘스에서 일합니다.
    ④ 너는 방금 어디에 있었어?   미장원에.

3)   wohin 어디로: 방향을 나타낼 때 in(4격), 지명앞에는 nach (nach 다음에 관사 안붙임),
        사람, 장소, 기관앞에는 zu(3격)

    ① **Wohin** fahren Sie?   Ich fahre **nach** Seoul und fliege **in die** Schweiz.
    ② **Wohin** gehst du gerade? **Zu** Mina.
    ③ **Wohin** fahren Sie?   **Zur** Uni.
    ④ **Wohin** fährst du?   **Zum** (zu+dem) Flughafen.

    ① 당신은 어디로 갑니까?   나는 서울로 가서 스위스로 비행기로 갑니다.
    ② 너는 방금 어디로 가지?   미나한테 가요.
    ③ 당신은 어디로 가십니까?   대학교에 갑니다.
    ④ 너는 어디로 가니?   공항에 가요.

4)   womit 무엇을 타고: 비행기, 자동차, 배, 자전거 등을 타고 갈때는 mit(3격)

    Womit fährst du?   Ich fahre **mit dem** Bus.
    너는 무엇을 타니?   나는 버스를 탑니다.

D. 연습문제(Übung)

1. 알맞은 대답을 고르시오. (답이 여러개일 수 있음)

1) *Woher kommst du denn?*
   ① In Korea.
   ② Nach Korea.
   ③ Aus Japan.
   ④ Aus Korea.
   ⑤ Aus der Uni.

2) *Wo wohnst du jetzt?*
   ① In Seoul.
   ② Nach Tokyo.
   ③ Bei Peter.
   ④ In Daejeon.
   ⑤ Aus Busan.

3) *Wohin gehst du heute Abend?*
   ① Nach Hause.
   ② Nach der Uni.
   ③ In die Uni.
   ④ In Seoul.
   ⑤ Zu Sabine.

4) *Womit fährst du normalerweise?*
   ① Mit dem Bus.
   ② In den Bus.
   ③ Aus dem Zug.
   ④ Mit der Bahn.
   ⑤ Flugzeug.

5) *Wo bleibst du zwei Tage?*
   ① In Seoul.
   ② Aus Daejeon.
   ③ In der Schweiz.
   ④ Nach Korea.
   ⑤ Bei Frau Kim.

2. 다음 그림에 알맞은 동사를 보기에서 골라 적으시오.

abfahren einsteigen ankommen umsteigen aussteigen

1)

2)

3)

3. 교통에 관한 십자 낱말 퀴즈입니다. 빈칸에 알맞은 말을 채우시오.

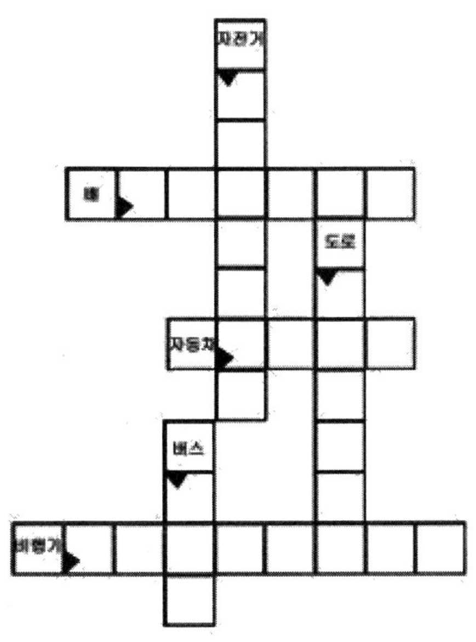

4. 자비네, 안디, 페터가 무엇을 타고 어디로 갑니까? 전치사, 관사, 현재인칭변화에 유의해서 보
   기와 같이 완전한 문장을 만드시오.

Mina	Uni. e	Bus r	Mina fährt mit dem Bus zur Uni.
Andi	Hause	Fahrrad s	_______________________________.
Sabine	Schule e	U-Bahn e	_______________________________.
Peter	Berlin	Auto s	_______________________________.

5. 미나와 카를로가 주말에 약속을 합니다. 올바른 전치사를 보기에서 골라 넣으시오.

mit   von   am   ins   um   zu   mit

1) ▼ Was machst du ____ Wochenende?
   △ Ich weiß es noch nicht. Und du?
2) ▼ Ich gehe ____ Kino. Kommst du mit?
   △ Gute Idee? Wann gehst du denn?
3) ▼ ____ Samstag ____ 7 Uhr.
   Ich hol dich ____ zu Hause ab, okay?
   △ Kommst du ____ Fuß oder ____ dem Auto?
4) ▼ ____ dem Auto natürlich.
   △ Super! Bis Samstag.
   ▼ Bis Samstag.

6. 다음 명사에 적합한 관사를 넣고 해당 그림의 번호를 적으시오.

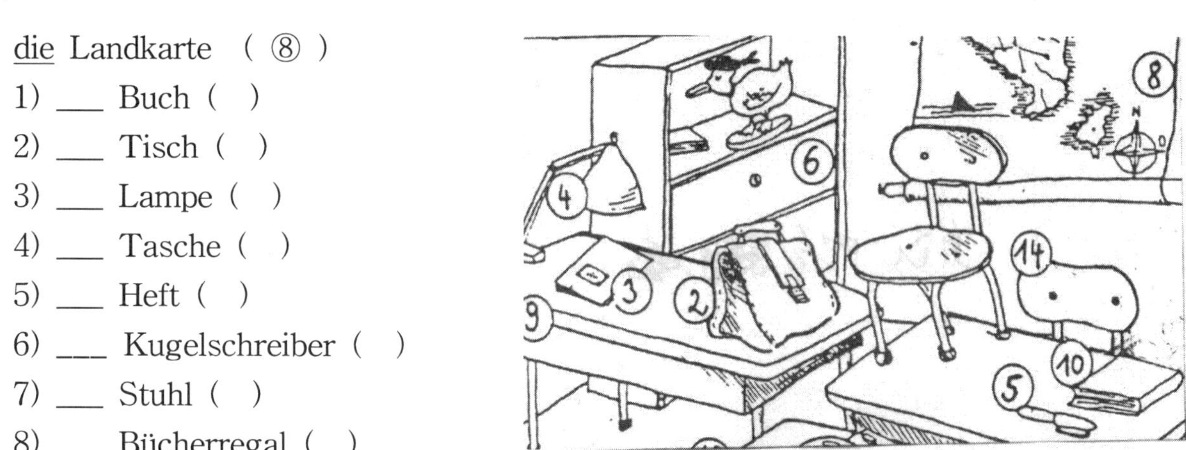

die Landkarte (⑧)
1) ___ Buch ( )
2) ___ Tisch ( )
3) ___ Lampe ( )
4) ___ Tasche ( )
5) ___ Heft ( )
6) ___ Kugelschreiber ( )
7) ___ Stuhl ( )
8) ___ Bücherregal ( )

7. 다음 그림을 보고 보기와 같이 정관사, 부정관사, 인칭대명사, 형용사를 이용하여 알맞은 문장을 만드시오.

Das ist ein Deutschbuch.
Das Deutschbuch ist interessant.
Es kostet 18 Euro.

1)

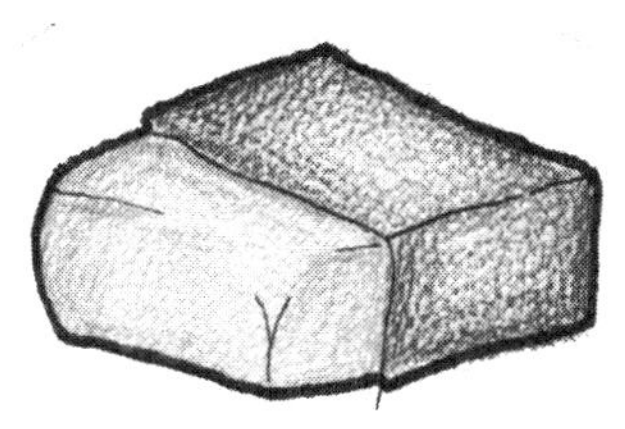

r Radiergummi/neu/50 cent

____

____

____

2)

s Lineal/kurz/1 Euro

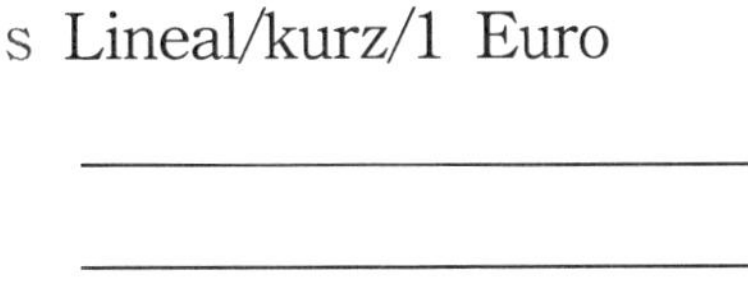

____

____

____

3)

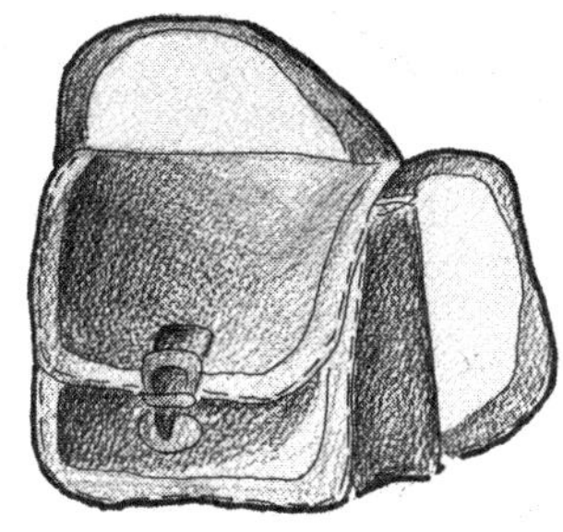

e Tasche/groß/45 Euro

____

____

____

4)

s Heft/alt/1,50 Euro

____

____

____

8. 다음은 어떤 상점(ein Geschäft)에서의 손님과 점원과의 대화입니다. 이들의 대화를 읽고
   손님(der Kunde)이 이야기하면 (K)로 여점원(die Verkäuferin)이 이야기하면 (V)로 표시하
   십시오. 그리고 상점에 들어가서 나올때까지 이루어지는 대화의 순서를 아라비아 숫자로 적으
   시오.

2) Gut, den nehme ich. ( ) ( )
3) Hier sind Kugelschreiber. ( ) ( )
4) Wie viel kostet der hier? ( ) ( )
5) Und wie teuer ist der hier? ( ) ( )
6) Ja, ich brauche einen Kugelschreiber. ( ) ( )
7) Ja, hier. Hier sind billigere. ( ) ( )
8) Schauen Sie mal hier. ( ) ( )
9) Haben Sie noch andere? ( ) ( )
10) Der kostet 3 Euro. ( ) ( )
11) Das ist mir zu teuer. ( ) ( )
12) Der kostet nur 2 Euro. ( ) ( )

독일의 교통

H로 표시된 정류장 팻말

전철승차권 자동판매기

지하철 입구

　독일 사람들은 다양한 교통 수단을 이용한다. 독일인들은 일상생활에서 자전거를 즐겨 탄다. 이들을 위해 정부는 자전거 전용도로를 만들거나 자전거 면허시험을 시행하고 있다. 자전거 운전자가 우회전을 하려고 오른손을 들면 자동차들이 이들을 배려해준다. 역 근처나 대학근처에 가면 수많은 자전거를 볼 수 있다. 기차에 내려서 자전거로 볼 일을 보고 다시 기차를 타고 다른 도시로 갈 때는 역 앞에 자전거를 잠근 채 세워 둔다. 이렇게 자전거를 탈 수 있는 여건이 잘 구비되어 있는데다가 배기가스로 인한 공기 오염을 발생시키지 않고 석유 연료를 사용하지 않는 자전거는 매우 환경 친화적인 교통 수단이기 때문에 학생들 뿐 아니라 환경을 사랑하고 건강을 생각하는 일반 시민들도 역시 자전거를 애용한다.　.

　이 밖에 독일은 대중교통 수단인 버스나 지하철이 매우 잘 구비되어 있는 것으로 유명하다. 버스는 통로가 넓어서 유모차를 가지고 타거나 몸이 불편한 사람도 쉽게 버스에 오르내릴 수 있게 되어 있다. 또한 버스정류장에 버스가 도착하는 시간과 출발하는 시간이 기록되어 있고 이 시간이 대부분 정확하게 지켜지기 때문에 매우 편리하게 이용할 수 있다. 그래서 많은 시민들이 자가용이 있어도 흔히 대중교통을 이용하는 경우가 많고 대중교통 이용률이 높다 보니 교통 혼잡도 덜하다. 이렇게 편리하고 정확하지만 단 한가지 버스 요금은 상당히 비싼 편이어서 보통은 한달 단위의 정기권 Monatskarte이나 묶음 할인권(Mehrfahrtenkarte: 한번에 여러장을 구입하면 금액이 할인되는 것)을 이용한다.

　지하철 U-Bahn과 전차 Straßenbahn는 대도시의 대중교통수단으로 자주 이용된다. 지하철 표 혹은 버스 표는 하나로 연계되어 일정시간동안 구분 없이 이용할 수 있으며 이용객은 차를 타자마자 혹은 차를 타러 들어가기 전에 승차한 시간을 찍어야 한다. 가끔 검표원이 갑자기 차표검사를 하는데 티켓없이 타거나 승차 시간을 찍지 않으면 벌금(Schwarzfahren 약 30 Euro)을 물게 된다. 누가 시키지 않아도 지킬 것은 철저하게 지키는 것이 게르만 민족의 특성 때문인지 실상 독일에서 검표원에 걸리는 사람들을 거의 볼 수 없다. 그러나 여름에는 많은 배낭 여행객들이 무임 승차를 하다가 적발되는데 표 없이 타거나 승차 시간을 찍지 않으면 불시에 검표를 당해 벌금을 내는 수도 있다.

　자동차의 경우 잘 알려진 바와 같이 독일은 세계에서 손꼽히는 자동차 생산국이다. 벤츠 Benz, 비엠더블유 BMW, 포르쉐 Porsche, 메르세데스 Mercedes, 폭스바겐 Volkswagen, 아우디 Audi 등의 자동차를 생산한다. 일찍이 독일은 제 2차 세계대전 중에 성능이 우수하고 기름이 적게 드는 자동차를 고안해 내라는 히틀러의 명령에 따라 국민차 Volkswagen를 생산하여 자동차 왕국의 면모를 과시한 바 있다. 이 차는 풍뎅이모양 혹은 딱정벌레모양 Beatle을 하고 있는데 차체가 작지만 매우 튼튼해서 많은 사람들의 사랑을 독차지했다. 현재는 처음과는 약간 다른 모양으로 생산되고 있는데 최근에 나온 new beatle은 지금도 많은 사람들에게 사랑받고 있다. Stuttgart에는 벤츠회사가 있는데 벤츠박물관과 더불어 벤츠를 더욱 잘 만들기 위해서 넓은 부지에 벤츠 공장보다도 더 큰 건물의 연구소를 운영하고 있다. 막대한 비용을 들여 더욱 더 좋은 성능과 디자인 등을 고안해 내기 위해 노력하고 있다. 또한 고급승용차를 생산함에도 불구하고 이들이 타고 다니는 승용차는 실용적인 작은 차이며, 그 차 또한 대기오염 등을 염려해서 이용하지 않고 대중교통을 이용하여 환경을 보존하고 있다. 실내와 야외에 주차건물이 있으나 독일 또한 주차문제가 심각하다. 높은 주차요금과 승용차 시내 진입 금지가 시행되고 있어 대다수의 사람들은 대중교통을 이용하지만 주말이나 휴가, 혹은 나들이 갈 때는 승용차를 타고 간다.

아우토반 Autobahn이라고 불리우는 독일의 고속도로는 통행요금을 받지 않는다. 속도 제한은 부분적으로 시행되지만 우리나라 같이 일반적인 속도제한은 없다. 그럼에도 불구하고 차간 거리를 준수하고 철저히 양보 운전을 하는 등 규칙을 준수하고 질서를 지키기 때문에 오히려 교통 선진국이라는 미국보다도 낮은 교통 사고율을 기록하고 있다. 이렇듯 독일의 교통 수단과 환경을 살펴보면 환경을 아끼는 마음과 철저한 질서 의식으로 가히 선진국의 면모를 갖추고 있음을 엿볼 수 있다.

Info
Kiosk 매점

독일에 가면 역이나 거리에서 길거리 간식이나 신문, 담배, 쵸코렛 등을 파는 Kiosk를 볼 수 있다. 통상적으로 상점을 닫는 시간에도 역에 있는 Kiosk는 열려 있어 여행객들이 손쉽게 이용할 수 있으며 학교주변에서도 자주 볼 수 있어 행인들이 손쉽게 이용 할 수 있으나 일반 슈퍼마켓보다는 값이 약간 비싸다.

6과   Bei der Post 우체국에서

A. 대화(Dialog)

a. Wo ist denn hier die Post? 그런데 우체국이 어디에 있습니까?

거리 페인팅

우체국

Mina:	Entschuldigung[1], können Sie mir sagen[2], wo die Post[3] ist?
Passant:	Nein, tut mir Leid[4], das weiß[5] ich auch nicht.
Mina:	Entschuldigen Sie, wie komme ich zur Post?
Passantin:	Also...gehen Sie hier geradeaus[6] und dann die erste Straße[7] nach rechts[8] bis zur Kreuzung. An der Kreuzung[9] gehen Sie dann nach links[10]. Und da ist rechts die Post.
Mina:	Vielen Dank
Passantin:	Bitte schön[11].

---

1) Entschuldigung die -en 미안합니다, 실례합니다.
2) sag-en v. 말하다.
3) Post die 복수형이 없음. 우체국 (회화에서는 우체부로 통용됨)
4) Tut mir Leid! 미안해.
5) wiss-en v. 알다
6) geradeaus adv. 똑바로
7) Straße die -n 거리
8) rechts adv. 오른쪽 ↔ links 왼쪽
9) Kreuzung die -n 교차로
10) links adv. 왼쪽 ↔ rechts 오른쪽
11) Bitte schön 천만에요.

우체국 창구

우표

Mina:	Guten Tag! Wie viel kostet ein Brief[1] nach Korea?
Mann am Schalter:	Mit Luftpost oder...
Mina:	Mit Luftpost[2] bitte!
Mann am Schalter:	1,53 Euro.
Mina:	Und das Päckchen[3] hier?
Mann am Schalter:	Auch mit Luftpost?
Mina:	Ja. Ist das teuer[4]?
Mann am Schalter:	Das kostet 19 Euro.
Mina:	Wie viel macht das zusammen?
Mann am Schalter:	Das macht 20 Euro.
Mina:	Moment[5], ich brauche noch zehn Briefmarken[6] zu 1,53 Euro.
Mann am Schalter:	Dann macht das 35 Euro zusammen.
Mina:	Hier, bitte.

---

1) Brief der -e 편지, einen ~ schicken 편지를 보내다,
2) Luftpost 항공우편
3) Päckchen das - 작은 꾸러미, 작은 짐, 작은 소포.
4) teuer sein adj. 비싼 ↔ billig 싼
5) Moment der -e 짧은 순간. 찰라.
6) Briefmarke die -n 우표

도시와 도로

Bahnhof der, -ö -e

Kino das, -s

Straßenmusikant der, -en

Reisebüro das, -s

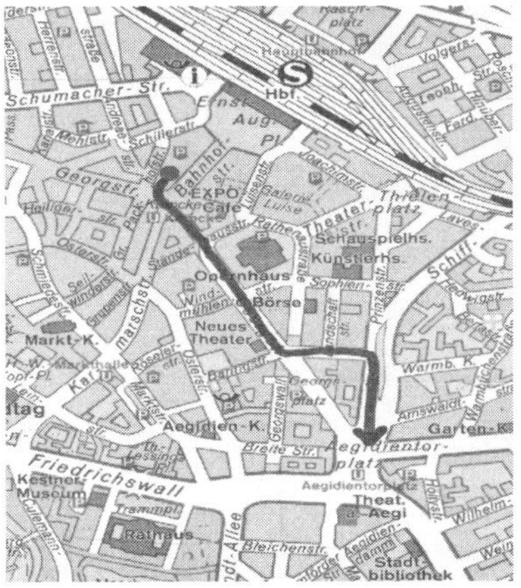

Stadtplan der, -ä -e

Straßencafé das, -s

Telefonzelle die, -n

Briefkasten der, -ä

Apotheke die, -n

Bank die, -en	은행	Rathaus das, -ä -er	시청
Hotel das, -s	호텔	Buchhandlung die, -en	서점
Bäckerei die, -n	빵집	Kaufhaus das, -ä -er	백화점
Supermarkt der, -ä -e	슈퍼마켓	Schwimmbad das, -ä -er	수영장
		Krankenhaus das, -ä -er	병원

Info

Danke! Bitte!

독일어로 상대방에게 무엇을 물어 볼 때 Entschuldigung! (실례합니다)라는 말을 먼저 이야기한 후 질문을 던지는 것이 예의이다.

Danke(고맙습니다)라고 말하면 Bitte!(천만에요), Danke schön(대단히 감사합니다)이라고 하면 Bitte schön이라고 대답한다.

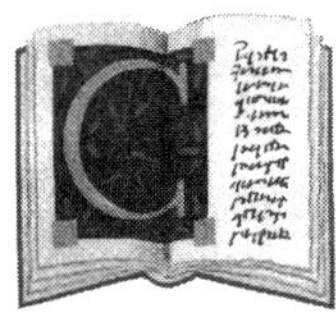

C. 문법(Grammatik)

| ① 장소를 나타내는 전치사　　von ... nach, gegen, um, durch |

장소를 나타내는 그림 중에서 유의해 볼 전치사

1) von ... nach 어디에서 어디로(A라는 지점에서 B라는 지점으로의 움직임)
   von과 nach 다음에는 관사를 붙이지 않고 지명이 온다.

　① Herr Müller fährt mit dem Auto von Berlin nach Hamburg.
　② Mina fliegt von Korea nach Deutschland.

　① 뮐러씨는 자동차를 타고 베를린에서 함부르크로 갑니다.
　② 미나는 한국에서 독일로 비행기를 타고 갑니다.

2) **gegen** (4격) 반해서, 거슬러서, 거역해서

　① Der Vogel fliegt gegen die Scheibe.　　그 새는 창 유리에 부딪쳤습니다.
　② Das Auto fährt gegen den Baum.　　그 자동차는 나무를 들이 받았습니다.

3) **um** (4격) ...주위에

　① Ich gehe um das Auto herum.　　나는 자동차 주위를 빙 돌아갑니다.
　② Wir fahren um die Stadt herum.　　우리는 차를 타고 도시를 빙 돕니다.

4) **durch** (4격) ...를 지나서, 관통하여, 가로질러

① Mina joggt jeden Morgen durch den Park.   미나는 매일 아침 공원을 가로질러 조깅을 한다.
② Wir fahren durch die Stadt.   우리는 차를 타고 도시를 통과한다.
③ Ich möchte eine Reise durch Europa machen. 나는 유럽횡단(유럽을 지나서) 여행을 하고 싶다.

2 편지의 서두와 말미

독일에서 편지를 쓸 때 편지의 서두와 마무리를 지을 때 수신자가 친밀한 경우와 그렇지 않은 경우가 다르다.
편지의 오른쪽 혹은 왼쪽 상단에 날짜를 적는데 장소, 날짜, 달, 연도 순서로 기입하고 날짜 앞에는 den 혹은 am을 붙이고 날짜 뒤에 .을 찍는 것에 유의해야한다. (참조 4과 문법)

	사적인 경우	공적인 경우
서두	Lieber Carlo, Liebe Anna,	Sehr geehrter Herr Professor Klein! 대단히 존경하는 클라인 교수님!
마무리	Viele Grüße Deine Sabine Dein Peter	Mit freundlichen Grüßen. 충심으로 인사를 드리며 Ihr Klaus Klein Ihre Mina Kang
날짜		Berlin, 20. Juni (6.) 2011

서두에 '사랑하는 카를로에게' 혹은 '안나에게' 라고 부를 때 남자 이름 앞에는 Lieber, 여자 앞에는 Liebe라고 하는 점에 유의해야 한다. 편지 끝에 '너의 자비네로 부터', '너의 페터로 부터' 라고 할 때 여성(eine)일 경우 어미 e가 붙어 deine가 되고 남성(ein __)일 경우 어미가 없기에 dein이 된다. 이는 소유대명사의 어미변화가 부정관사와 같이 변화하는 것에서 유래되었다. '대단히 존경하는 클라인 교수님!', '충심으로 인사를 드리며' 등의 인사말은 암기해 두는 것이 좋다. (여기에서 사용되는 형용사의 어미변화는 10과 문법 참조요망)

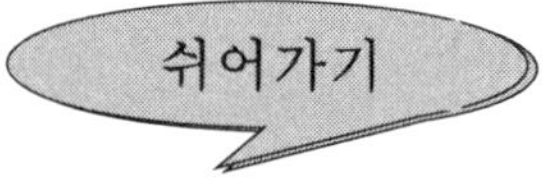

편지의 서두에 사람 이름 다음에 , 혹은 !를 붙인다. 어떤 부호를 붙여도 무방하나 , 다음에는 소문자로 다음 문장을 시작하여야 하고 ! 다음에는 대문자가 와야 하는 것에 주의하면 된다.

① 독일의 우편번호와 주소
   주소를 쓸 때: 이름   Mina Kang
              거리, 집주소   Goethestraße 7
              우편번호, 장소   50823 Köln

② 독일 거리 번지

독일 도로의 양 옆의 번지는 도로 한쪽은 홀수이고 다른 한쪽은 짝수이다.

번지수가 길면 도로의 길이가 길고 번지수가 짧으면 도로의 길이가 짧다. 예를 들어 번지수가 200이면 긴 도로이고 60이면 짧은 도로이다. 번지수를 보면 그 집이 도로의 어느 곳에 위치하고 있는지 알 수 있으며 지도를 보고 낯선 곳도 손쉽게 찾을 수 있다.

③ wie viel, wie viele, was

① Wie viel kostet das Buch?		Es kostet 8 Euro.
② Wie viel kosten zehn Eier?		1 Euro 50.
③ Wie viele Schüler sind in deinem Kurs?		Zwanzig.
④ Was kosten die Bananen?		50 Cent das Pfund.
⑤ Was kostet ein Brief nach Korea?		Der kostet 1 Euro 20.
⑥ Wie viel macht das Päckchen hier mit dem Schiff nach Korea?		Das macht 15 Euro.
⑦ Was kosten sieben Briefmarken zu 1 Euro?		7 Euro.
⑧ Wie viele Einwohner hat Deutschland?		82 Millionen Einwohner.

① 책 한권에 얼마입니까?   8유로 입니다.
② 계란 10개에 얼마입니까?   1유로 50입니다.
③ 네 반에는 학생들이 몇명이야?   20명.
④ 바나나는 얼마입니까?   파운드에 50센트입니다.
⑤ 한국으로 편지 보내는데 얼마입니까?   1유로 20입니다.
⑥ 여기있는 소포를 배로 한국으로 보내는데 얼마입니까?   15유로 입니다.
⑦ 1유로짜리 우표 7장은 얼마입니까?   7유로 입니다.
⑧ 독일은 인구가 얼마나 됩니까?   8천 2백만 입니다.

② 계란 10개는 복수이므로 동사가 kosten이 된 것에 유의.

④ 바나나가 복수이므로 동사가 kosten.

⑥ mit Luftpost (항공우편으로), per Einschreiben (등기로), als Eilbrief (속달로)

독일은 등기, 속달, 전보비용이 많이 들기 때문에 특별한 경우를 제외하고 보통 편지를 이용한다. 우리나라에서는 요즈음 편지를 자주 쓰지 않는 경향이 있으나 독일은 전화보다는 편지를 이용한다. 따라서 우체통이 곳곳에 있으며 우체통을 비우는 시간까지 명시되어 있다.

⑦ zu는 얼마짜리

⑧ 셀 수있는 명사이면서 다음에 복수명사가 오면 wie viele 를 사용한다. 명사 앞에는 wie viele를 쓰고 동사 앞에는 wie viel 을 사용하는데 두 경우 모두 wie 와 viel을 붙여쓰지 않고 따로 쓰는 것이 새로운 정서법에 부합되는 표기법이다.

D. 연습문제(Übung)

1. 시내에 있는 이 건물이 무엇을 하는 곳인지 기억하십니까? 다음에 제시된 단어 끼리 밑줄을 그어 연결하고 그 단어의 앞에 알맞은 관사를 넣으시오.

1) <u>der</u>   Super...   ...haus
2) ___   Rat...   ...bad
3) ___   Telefon...   ...handlung
4) ___   Buch...   ...haus
5) ___   Kauf...   ...markt
6) ___   Schwimm...   ...hof
7) ___   Bahn...   ...haus
8) ___   Kranken...   ...zelle

2. 다음에 제시된 장소에서 사람들은 무엇을 할 수 있는지 기입하시오.
　(정답이 여러 개일 수도 있음)

1) *In einem Hotel kann man*
　① Kleidung kaufen.
　② zu Abend essen.
　③ Aspirin kaufen.
　④ einen Film sehen.
　⑤ übernachten.

2) *In einer Bank kann man*
　① Geld tauschen.
　② telefonieren.
　③ zu Mittag essen.
　④ Geld holen.
　⑤ ein Eis essen.

3) *In einer Bäckerei kann man*
　① Kuchen kaufen.
　② Würstchen essen.
　③ Brot kaufen.
　④ Küchen kaufen.
　⑤ Papier kaufen.

4) *Auf dem Bahnhof kann man*

① Fahrkarten kaufen.

② einen Imbiss essen.

③ in den Zug steigen.

④ Tennis spielen.

⑤ schwimmen gehen.

5) *Im Kino kann man*

　　① Briefmarken kaufen.

　　② Filme sehen.

　　③ Getränke kaufen.

　　④ auf die Toilette gehen.

　　⑤ einen Film kaufen.

3. 적합한 전치사를 넣으시오.

1) *Sie möchten einen Brief nach Korea schicken und gehen _____ Post.*

　　① auf die

　　② nach

　　③ zum

　　④ an die

　　⑤ bis zur

2) *Sie fahren mit dem Zug nach Hamburg und gehen _____ Bahnhof.*

　　① nach

　　② zur

　　③ auf den

　　④ in

　　⑤ an den

3) *Es ist Sommer und sie gehen _____ Schwimmbad.*

　　① auf das

　　② nach

　　③ zur

　　④ ins

　　⑤ bis

4) *Sie lernen Deutsch _____ Goethe-Institut.*

　　① im

　　② auf dem

　　③ beim

④ zum

⑤ am

5) *Sie gehen heute Nachmittag _____ Sabine und Mina.*

① nach

② zu

③ bei

④ in

⑤ zum

6) *Andi hat Durst und trinkt einen Kaffee _____ Café.*

① bei

② im

③ am

④ zum

⑤ beim

4. 다음 4개의 지도를 보십시오. 지도에 있는 화살표를 보고 문장의 빈칸에 알맞은 단어를 넣으시오.

links	über	entlang
geradeaus	rechts	nach

1) △ Entschuldigung, wie komme ich zum Bahnhof?

   ▼ Gehen Sie hier ①______ die Tunisstraße und dann immer ②___________.

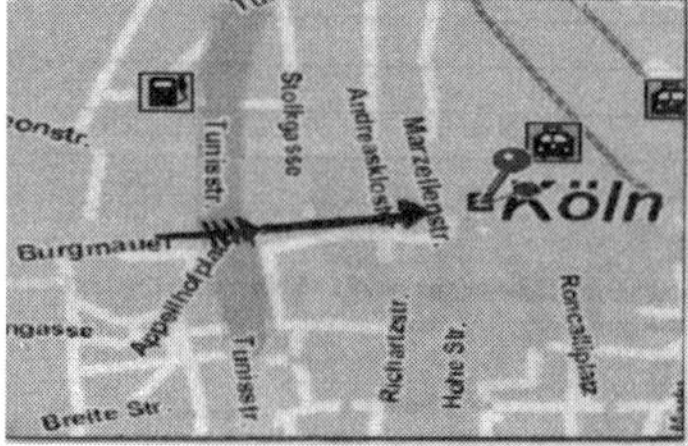

2) △ Ich suche die Uhlandstraße.

   ▼ Gehen Sie hier den Kurfürstendamm ①_________ und dann ②______ in die Uhlandstraße.

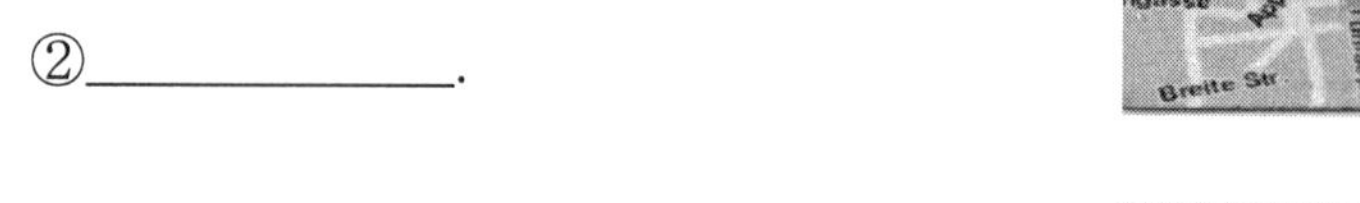

3) △ Gehen Sie den Neusser Wall ①__________ und dann die erste Straße ②____ ③_____. Das ist die Hülchrather Straße.

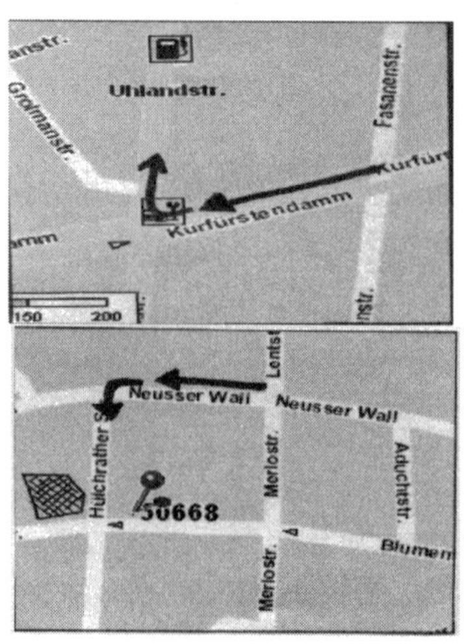

4) △ Gehen Sie ①________ den Savignyplatz
und dann die Carmenstraße immer
②__________. Da ist ③______ die
Post.

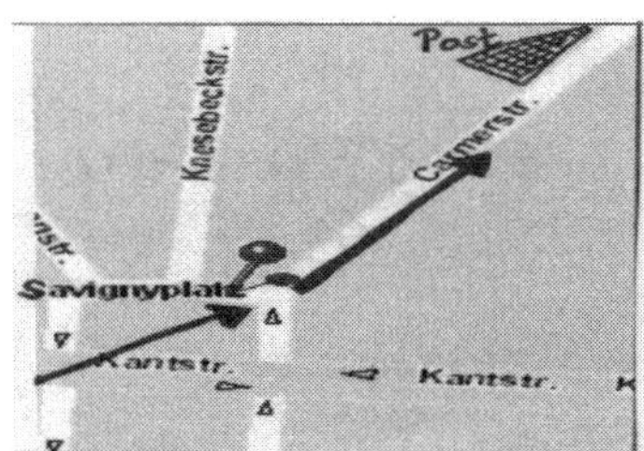

5. 다음 그림을 보고 미나가 무엇을 찾는지 그 단어를 밑줄친 부분에 기입하시오.

1) Entschuldigung, wo ist denn hier eine ____________?

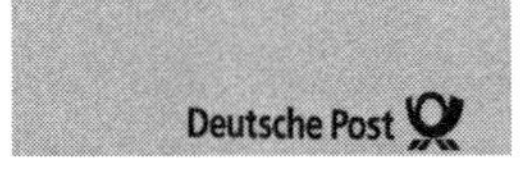

2) Entschuldigung, ich suche eine ____________?

3) Entschuldigung, wo ist denn hier eine ____________?

4) Entschuldigung, wo ist denn hier der ____________?

5) Entschuldigung, wo ist denn hier ein __________?

6. 우체국에서 나누는 A와 B의 대화를 알맞게 정렬하시오.

ⓐ	ⓑ	ⓒ	ⓓ

A. ⓐ Sabine möchte eine Postkarte nach Spanien schicken.
   ⓑ Mina schreibt oft Briefe nach Korea. Sie kauft Briefmarken.
   ⓒ Andi schickt einen Brief in die U.S.A.

ⓓ Bettina schickt ein Päckchen zu ihrer Oma.

B. ① Was kostet eine Postkarte nach Spanien?

② Wie viel kostet ein Brief in die U.S.A.?

③ Ich hätte gern 10 Briefmarken zu 1 Euro 50.

④ Was kostet das Päckchen hier?

7. 미나는 부모님에게 편지를 씁니다. 이 엽서의 뒷면에 알맞은 전치사를 넣으시오.

nach ins mit bis am in von bei

Liebe Eltern,

ich bin jetzt schon zwei Monate *in* Deutschland. Hier ①_________Familie Klein ist es sehr schön. ②_________ Montag ③_________Freitag gehe ich ④_________Goethe-Institut und lerne Deutsch. Nach dem Unterricht fahre ich meistens gleich ⑤__________ Hause und mache Hausaufgaben. ⑥_______ Wochenende gehe ich manchmal ⑦_________Sabine oder Andi ⑧______Kino. Die Zeit vergeht sehr schnell. Familie Klein möchte nächstes Jahr ⑨ ______Korea kommen. Eine gute Idee, oder? Schreibt mir bald.

Viele Grüße,
eure Mina

8. 미나의 부모님은 독일에 있는 딸에게 편지를 씁니다. 어떻게 주소를 써야 할까요? 다음에 주어진 단어를 정렬한 다음 편지봉투에 주소를 기입하시오.

50823 / Kang / 7 / Köln / An / Germany / Mina /
Goethestr.

독일과 유럽의 화폐

유럽연합깃발속의
1유로짜리 동전

유로화의 로고

독일마르크 Deutsche Mark는 과거 독일의 통화 단위였으며 DM으로 표시했다. 독일 마르크는 세계에서 가장 안정적인 통화 가운데 하나로, 미국 달러 다음으로 중요한 기축 통화의 역할을 했다. 그러나 유럽 연합에서 단일 통화인 "유로"가 도입됨에 따라 독일 마르크는 더 이상 통용되지 않게 되었다.

유로화는 달러화와 맞설 수 있는 새로운 기축 통화로서 여러가지 장점을 지닌다. 먼저 환전의 필요를 없애줌으로서 환전 수수료가 절감된다. 이것은 유럽내의 시민의 왕래나 교역을 촉진시킬 뿐만 아니라, 유럽을 방문하는 관광객이나 유럽과 교역하는 외국 기업들 역시 단일 통화의 편리함을 누리게 되었다. 또 여러 국가별로 상품 가격을 비교하는 것이 쉬워져 무역의 활성화에 기여하고 있다.

2011년 유럽 연합(EU)의 27개국 중 영국, 스웨덴, 덴마크 등을 제외한 17개국이 유로화를 도입하고 있다. 유로화를 사용하는 나라는 벨기에, 프랑스, 독일, 이탈리아, 룩셈부르크, 네덜란드, 아일랜드, 그리스, 포르투갈, 스페인, 핀란드, 오스트리아, 슬로베니아, 슬로바키아, 에스토니아, 몰타, 키프로스의 17개국에 이르며 유로화를 채택하는 나라는 점점 더 늘어날 전망이다.

유로화는 7종의 지폐와 8종의 주화로 이루어져 있다. 지폐는 모든 회원국이 동일한 것을 사용하지만, 동전은 앞면은 똑같지만, 뒷면은 각국의 특징을 살려 제작된다. 예를 들어, 독일의 1유로 동전 뒷면에는 독일을 상징하는 동물인 독수리가, 이탈리아 1유로에는 레오나르도 다빈치의 인체비례스케치가 세겨져 있다. 유로화의 심벌로 사용되는 글자는 그리스어 문자인 입실론(ε)이다. 그리스어로 표기한 것은 그리스가 유럽문명의 공동 기원이기 때문이며, 알파벳 E에 해당되는 입실론은 유럽 Europa의 첫 글자를 뜻한다. 가운데 두 개의 막대기(=)는 유로화의 안정성을 기원하는 의미이다.

유로지폐

7과   Die Geburtstagsfeier 생일파티

A. 대화(Dialog)

a. Hast du eine Idee? 너 좋은 생각있어?

미나의 방

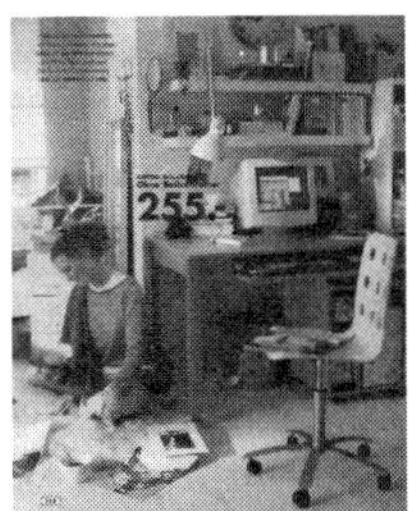

베티나의 방

Bettina: Du Mina, Sabine hat morgen[1] Geburtstag[2].

Mina: Wirklich[3]? Was schenkst[4] du ihr denn?

Mina: Was für ein Hobby[5] hat sie denn?

Bettina: Sie hört[6] gerne[7] Musik[8].

Mina: Gut. Dann kaufen[9] wir ihr eine CD.

Bettina: Hast du heute Nachmittag[10] Zeit? Gehen wir zusammen[11] in die Stadt[12]?

Mina: In Ordnung[13].

---

1) morgen adv. 내일, gestern 어제 → heute 오늘 → morgen 내일
2) Geburtstag der -e 생일 Geburtstag haben   생일이다.
3) wirklich adj. 정말 (어떤 진술을 강조하기 위해 사용)
4) schenk-en v. 선물하다
5) Hobby das -s 취미 ˜ haben 취미가 있다.
6) hör-en v. 듣다.
7) gern(e) adv. 즐겨, 기꺼이, 쾌히.
8) Musik die 음악. ˜hören 음악을 듣다, ˜machen 음악을 연주하다.
9) kauf-en v. 사다. 구입하다.
10) Nachmittag der -e 오후
11) zusammen adv. 함께, 모두 합해서, 통 틀어서.
12) Stadt die ä -e 도시, 시내
13) In Ordnung 문제가 없는. 잘되어 있는.

▶ *b. Happy Birthday!* 생일축하해!

생일 노래   생일축하식탁

Alle singen:	Zum Geburtstag viel Glück! Zum Geburtstag viel Glück!
	Zum Geburtstag, liebe Sabine, zum Geburtstag viel Glück!
Mina:	Alles Liebe zum Geburtstag[1]!
Andi und Peter:	Sabine, wir wünschen dir alles Liebe zum Geburtstag.
Herr und Frau Klein:	Bleib gesund[2], mein Kind.
Bettina:	Sabine, das ist für dich!
Sabine:	Oh, toll[3]! Die neue CD von Monrose! Super[4]!
Peter:	Mina, was ist dein Hobby?
Mina:	Mein Lieblings[5]hobby ist Tennis.
Andi:	Ich spiele[6] auch Tennis. Spielst du gut?
Mina:	Es geht.
Andi:	Spielen wir mal zusammen.
Mina:	Bettina, magst du Sport[7]?
Bettina:	Nee[8], ich mag keinen Sport.
	Ich bin total[9] unsportlich[10].

---

1) Alles Liebe zum Geburtstag 생일 축하합니다.
2) Bleib gesund 건강하게 지내(생일에 건네는 기원의 말)
3) toll adj. 매우 좋은, 매우 멋진. (회화체)
4) super adj. 정말 좋은. (회화체)
5) Lieblings˜ 제일 좋아하는 …..(다른 명사 앞에 붙어서 가장 좋아하는 것을 표현)
6) spiel-en v. 악기를 연주하다. 운동을 하다 (공을 가지고 하는).
7) Sport der 운동
8) nee = nein(회화체에서)
9) total adj. 아주, 완전히.
10) unsportlich sein adj. 운동소질이 없는

B. 어휘 연습(Wortschatz)

독일의 유명 스포츠 스타

Franziska van Almsik
*1978
올림픽 여자수영 메달리스트

Jan Ullrich *1973
Tour-de-France 배 자전
거 우승자

Michael Schumacher
자동차경주대회 Formel
1 세계선수권 보유자

Katja Seizinger *1972
스키선수(여)

Oliver Kahn *1969
독일 국가대표 골키퍼

Fußball spielen	축구를 하다	Bücher lesen	책을 읽다
Tennis spielen	테니스를 치다	Karten spielen	카드놀이를 하다
Rad fahren	자전거를 타다	tanzen	춤을 추다
Badminton spielen	베드민턴을 치다	fotografieren	사진을 찍다
Baseball spielen	야구를 하다	faulenzen	게으름을 피우다. 빈둥거리다.
Basketball spielen	농구를 하다	Musik hören	음악을 듣다
schwimmen	수영을 하다	reisen	여행을 하다
Ski fahren	스키를 타다	kochen	요리를 하다
Briefmarken sammeln	우표를 수집하다	*fern*sehen	TV를 보다
singen	노래를 하다	mit Freunden *aus*gehen	친구들과 돌아다니다.

C. 문법(Grammatik)

---

① 인칭대명사

인칭대명사의 격은 1, 2, 3, 4격이 있다.

	나	너	그남자	그여자	그것	우리들	너희들	그들	당신
1격(는)	ich	du	er	sie	es	wir	ihr	sie	Sie
2격(의)	meiner	deiner	seiner	ihrer	seiner	unser	euer	ihrer	Ihrer
3격(에게)	mir	dir	ihm	ihr	ihm	uns	euch	ihnen	Ihnen
4격(을, 를)	mich	dich	ihn	sie	es	uns	euch	sie	Sie

---

② 3, 4격지배동사

1) 3격지배동사

① schenken 선물하다   Was schenkst du **ihr**? 너는 그녀에게 무엇을 선물할꺼야?

② glauben 믿다   Glaubst du **mir**? 너 나를 믿니?

③ geben 주다   Ich gebe es **dir**. 나는 그것을 너에게 줄게.

④ gefallen 누구의 마음에 들다   Diese Bücher gefallen **mir**. 이 책들은 내 마음에 들어.

⑤ gehören 누구에게 속하다.   Das Auto gehört **ihm**. 그 자동차는 그의 것이야.

⑥ helfen 누구를 돕다.   Ich helfe mein**em** Bruder. 나는 나의 형을 돕는다.

* helfen 동사는 우리말로 "누구를 돕다"라는 뜻으로 뒤에 4격 명사를 동반할 것 같지만, 뒤에 3격 명사가 온다.

2) 4격지배동사

① Ich esse **eine** Pizza.   나는 피자를 먹는다.

② Er trifft sein**e** Freundin.   그는 그의 여자친구를 만난다.

③ Ich frage mein**en** Lehrer.   나는 나의 남자 선생님에게 질문을 한다.

* fragen 동사는 우리말로 "누구에게 묻다"라는 뜻으로 3격 명사를 동반할 것 같으나, 4격 명사와 함께 쓴다.

---

③ 표현법

1) 취미묻고 답하기

① Was ist dein Hobby?   너의 취미가 무엇이지?

    Mein Lieblingshobby ist Tennis.   내가 좋아하는 취미는 테니스야.

* 좋아하는 취미 Lieblingshobby, 좋아하는 음식 Lieblingsessen은 복합명사로 엑센트는 앞에
  있는 명사에, 성은 뒤에 있는 명사를 따른다.

2) 취미를 이야기 할때
   gern(e)   (즐겨, 기꺼이)이라는 표현을 사용한다.
   Ich lese gern.   나는 읽는 것을 좋아해.

Info
독일식 초대의 정석

우리가 독일인에게 초대를 받아서 갈 경우에 지켜야 할 것들이
있습니다. 그것이 간단한 다과초대이던 식사초대이던 선물을
준비하는 것이 좋습니다. 가장 일반적인 선물 아이템은 꽃, 와인,
책 그리고 아이들을 위한 케이크나 초콜릿 정도면 무난합니다.
특히, 꽃의 경우 우리처럼 일부러 예쁘게 포장할 필요는 없으며
홀수로 꽃의 숫자를 맞추어야 합니다. (참고로 장미꽃은 '사랑고백'
을 의미합니다.) 또한 초대받은 시간보다 일찍가는 것은 상대방을
당혹스럽게할 수 있다는 점도 유의해야 합니다.

D. 연습문제(Übung)

1. 다음 그림을 보고 취미가 무엇인지 표시하시오.

1)

① Baseball
② Tennis
③ Basketball
④ Schwimmen
⑤ Tauchen

2)

① Fußball
② Reiten
③ Lesen
④ Kochen
⑤ Tauchen

3)

① Lesen
② Wandern
③ Kochen
④ Tanzen
⑤ Volleyball

4)

① Golf
② Malen
③ Kochen
④ Trinken
⑤ Ausgehen

5)

① Ski fahren
② Schwimmen
③ Fußball
④ Tanzen
⑤ Musik hören

6)

① Musik
② Rollschuh laufen
③ Tennis
④ Badminton
⑤ Rad fahren

2. 밑줄 부분에 알맞은 단어를 고르시오.

1) _________ du gern Musik?
   ① Machst
   ② Fährst
   ③ Hörst
   ④ Singst
   ⑤ Malst

2) Peter _______ aber gut Tennis!
   ① schwimmt
   ② spielt
   ③ macht
   ④ fährt
   ⑤ liest

3) Und ______ ist dein Lieblingshobby?
   ① wer
   ② wie
   ③ was
   ④ wo
   ⑤ wann

4) _________ wir mal zusammen schwimmen?
   ① Hören
   ② Gehen
   ③ Spielen
   ④ Fahren
   ⑤ Wandern

5) ________ ihr gern Komikhefte?
   ① Seht
   ② Lest

③ Hört

④ Schaut

⑤ Geht

3. 제일 좋아하는(Lieblings....) 것이 무엇인지 빈 칸에 번호를 기입하시오.

1) *Ich gehe gern ins Kino.*

Mein Lieblings___________ ist Brad Pitt.

① sänger

② schauspieler

③ lehrer

④ hobby

⑤ spieler

2) *Ich spiele gern Tennis und Fußball, aber mein Lieblings_______*

ist Schwimmen.

① essen

② sport

③ film

④ buch

⑤ komik

3) *Ich höre unheimlich gern Musik. Meine Lieblings_________ ist Ria.*

① sängerin

② tänzerin

③ lehrerin

④ sportlerin

⑤ autorin

4) *Trinkst du gern Bier?*

Nicht so gern. Mein Lieblings_________ ist Wein.

① essen

② getränk

③ kuchen

④ eiscreme

⑤ torte

4. 알맞은 인칭대명사를 고르시오.

1) *Bettina hört gern Musik. Kauf _____ doch eine CD.*

① ihm

② ihr

③ es

④ ihnen

⑤ sie

2) *Schenk Peter doch ein Buch! Das gefällt ____ bestimmt!*
   ① euch
   ② er
   ③ du
   ④ ihm
   ⑤ ihr

3) *Heute ist die Party von Sabine und Bettina.*
   Wir bringen ________ Wein mit.
   ① ihnen
   ② euch
   ③ sie
   ④ Ihnen
   ⑤ ihm

4) *Peter hat Geburtstag. Was schenkst du ihm?*
   Was für ein Hobby hat ______ denn?
   ① sie
   ② ihm
   ③ er
   ④ ihn
   ⑤ euch

5. 다음 빈칸에 알맞은 인칭대명사를 적으시오.

   △ Du Sabine, Andi hat morgen Geburtstag. Was schenkst du ①______?
   ▼ Ich weiß es nicht. Hast du eine Idee?
   △ Was für ein Hobby hat ②______ denn?
   ▼ Ich glaube, ③______ spielt gern Fußball.
   △ Dann kaufen ④______ ⑤______ einen Fußball.
   ▼ Den hat ⑥______ schon.
   △ Dann kauf ⑦______ doch Fußballschuhe.
   ▼ Die sind zu teuer!
   △ Dann laden wir ⑧______ zum Essen ein.
   ▼ Ja, das ist eine gute Idee. Das machen ⑨______.

6. 빈칸에 알맞은 단어를 넣으시오.

   1) *Birthday* heißt auf Deutsch ________________ ?

2) Oliver Kahn spielt ________________?

3) Das Gegenteil von *sportlich* ist __________________?

4) *Compactdisc* heißt abgekürzt ________________?

5) *schenken* heißt das Verb und das Nomen heißt ______________?

6) Ich spiele gerne Klavier. *Klavierspielen* ist mein ____________?

7. 미나는 독일에서 펜팔 친구를 찾고 있습니다. 그래서 자비네는 미나에게 자기의 여자친구 마리아의 주소를 건네줍니다. 다음은 미나가 마리아에게 쓴 편지의 내용입니다. 빈칸에 알맞은 단어를 넣으시오.

Liebe Maria,

ich heiße ①_________ ②______________. *Ich bin* ③________ *Jahre* ④______ *und komme*

⑤____ ⑥________. *Jetzt* ⑦________ *ich in Köln.*

Meine Hobbys sind: ⑧______________ *und* ⑨ ______________.

Ich ⑪________ *auch gerne Deutsch. Und du?*

Was ⑪________ *du gerne?*

Schreib mir bald!

Deine Mina

8. 당신은 다음의 사람들에게 무엇을 선물하시겠습니까? 보기에 있는 단어를 이용 하여 예문과 같이 적절한 문장을 만드시오.

> eine CD   eine Flasche Wein   eine Kinokarte   ein Wörterbuch
> Zigaretten Filme einen Fußball eine Kassette Papier
> eine Konzertkarte Wanderschuhe   ein Spanischbuch
> ein Kochbuch   Schokolade   einen Reiseführer   Tennisbälle

> Sabine: hört gern Musik/liest gern/geht gern ins Kino
> →Ich schenke *ihr* eine CD oder ein Wörterbuch oder eine Kinokarte.

Mina: reist gern/geht gern ins Konzert/spielt gern Tennis

1) ____

Frau Klein: kocht gern/trinkt gern Wein/fotografiert gern

2) ____

Andi: spielt gern Fußball/isst gern Schokolade

3) ____

Herr Klein: wandert gern/raucht

4) ____

Bettina: malt gern/lernt Spanisch

5) ____

축하

초등학교 입학선물

선상에서의 특별한 결혼식

4번째 강림절

독일인들의 축하 풍습과 축하 인사의 표현을 살펴보면 다음과 같다.

6세가 되면 독일 어린이들은 초등학교 Grundschule에 입학하게 되는데 부모나 조부모, 혹은 가족과 함께 학교에 간다. 이때 2. 3학년 학생들은 신입생 후배를 위해 노래나 춤 혹은 연극을 하는 작은 축하행사를 준비한다. 입학생은 부모로부터 실린더 모양의 학교주머니를 선물로 받게된다. 그 안에는 사탕이나 초콜릿 등의 달콤한 간식이 들어 있다. 이때 아이에게 "입학을 축하한다 Alles Gute zur Einschulung"는 말을 건넨다.

인문계고등학교 Gymnasium을 졸업하기 전에 모든 학생들은 졸업시험 Abitur을 보게 된다. 우리나라에서도 수학 능력 시험 전에 시험을 잘 보라는 인사를 건네는 것처럼 졸업시험이 대학 진학에 있어서 매우 중요한 시험이기 때문에 이 시험을 앞두고 시험 잘 보라는 인사로 "Herzlichen Glückwunsch zum Abitur"라고 말한다. 시험에 합격한 사람들은 선생님, 학부모들을 모시고 큰 강당에 모여 축하파티를 연다. 먹고 마시고 춤추고 연극도 하는데 이것을 Abiturfeier 혹은 줄여서 Abifeier라고 한다. 이 시험에서 좋은 성적을 받은 학생들은 대학에 진학하고 일부는 직업을 갖기 위해 직업교육을 받거나 어학연수를 받기 위해 1, 2년 동안 외국에 가기도 한다.

독일에서의 결혼은 저렴한 비용으로 매우 간소하게 치러진다. 결혼식에서 신부가 웨딩드레스를 입고 혼례를 치르는 우리와는 달리 간단한 평복을 입고 아주 가까운 친지만 초대한다. 물론 교회에서 웨딩드레스를 입고 혼례를 치르는 쌍도 없지 않지만 가족과 증인을 대동하고 시청 호적과에서 제시하는 서류에 서명을 하는 것으로 끝내는 쌍도 있다. 가끔 이 두 가지를 다 치르기도 하지만 그렇다고 해도 신부가 입는 웨딩드레스가 반드시 하얀색이어야 한다는 제한은 없다. 결혼전날 새로운 생활을 하는 이들의 앞날을 위해 "유리조각은 행운을 가져다 준다"는 속담에 따라 낡은 그릇을 깨뜨리며 행운을 비는 풍습은 그릇을 깨면 복이 나간다고 생각하는 우리와는 정반대라고 할 수 있다. 또한 결혼식이 끝난 후 행운의 상징으로 쌀을 던져 신랑의 양복주머니에 한동안 쌀알이 굴러다니기도 한다. 결혼식은 신부 혹은 시청호적과 공무원 등의 주례로 진행되며 결혼예물은 화려하지 않고 간단한 스타일의 금반지를 주고받는다. 한국과 미국에서는 결혼 반지를 왼손에 끼지만 독일에서는 결혼 반지를 오른손에 껴서 임자가 있음을 증명한다.

　결혼당일 피로연으로 친밀한 사람들만 초대하여 예약된 레스토랑에 가서 식사를 하게 된다. 이때 신랑 신부의 약력이 간단히 소개된다. 춤을 두 세곡 추는데 신랑 신부의 왈츠로 춤이 시작된다. 전통적인 결혼식에서는 신부와 시아버지가 춤을 추면 참석한 사람들이 모두 함께 춤을 추기도 한다. 신혼여행을 특별히 가는 사람들도 있지만 결혼 전에 이미 충분히 둘만의 여행을 즐겨서인지 대부분 가지 않거나 가까운 국내여행으로 대신한다.

약혼을 할때 인사말	Herzlichen Glückwunsch zur Verlobung!
결혼식	Herzlichen Glückwunsch zur Hochzeit!
	Alles Gute zur Hochzeit!
은혼식(결혼25주년)	Herzlichen Glückwunsch zur silbernen Hochzeit!
금혼식(50)	Herzlichen Glückwunsch zur goldenen Hochzeit!

　독일에서 크리스마스라는 명칭은 Weihnachten이라는 복수명사이다. 신성한 저녁 Heiliger Abend이라고 불리는 12월 24일, 첫 번째 크리스마스 축일 Erster Weihnachtsfeiertag이라고 불리는 25일, 두 번째 크리스마스 축일 Zweiter Weihnachtsfeiertag이라고 불리는 26일 등 크리스마스는 삼일이기 때문이다. 우리나라의 설날이나 추석만큼이나 중요한 명절인 이날은 멀리 떨어진 가족들이 서로 모여 과자나 거위요리를 먹으면서 선물을 주고받으며 크리스마스츄리를 장식하고 교회에 가서 예배를 본다. 원래 12월 첫째 일요일을 첫번째 강림절 Erster Advent라고 하고 두번째 강림절은 Zweiter Advent, 세번째 강림절은 Dritter Advent, 네번째 강림절은 Vierter Advent라고 하여 크리스마스가 오기 4주 전부터 사람들은 매주 초를 하나씩 켜면서 크리스마스 준비를 한다. 이때 어린이들은 종이로 크리스마스 장식을 만들어 집안을 장식한다. 산타할아버지 Nikolaus가 오는 날은 12월 6일이다. 어린이들은 전날 밤 신발을 방문 밖에 놓아두고 잠이 들면 부모님이 초콜릿, 과자, 작은 선물을 신발 속에 넣어 준다. 그러나 나쁜 아이에게는 산타할아버지가 신발 속에 돌이나 나무를 넣어 준다고 한다. 크리스마스에는 “Fröhliche Weihnachten!” 이라는 인사로 크리스마스를 축하한다. 크리스마스가 지난 후 새해 Neujahr에는 “Frohes Neues Jahr!”라는 인사를 한다. 그밖에 다음과 같은 인사법도 알아두자.

주말 잘 보내	Schönes Wochenende!
장례식	Herzliches Beileid!
병이 났을 때	Gute Besserung!

8과   In der Praxis 병원에서

A. 대화(Dialog)

a. Was fehlt dir denn? 그런데 너 어디 아파?

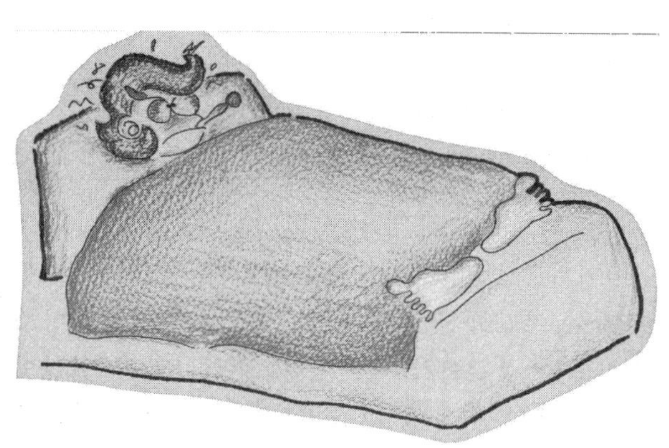

병석의 미나

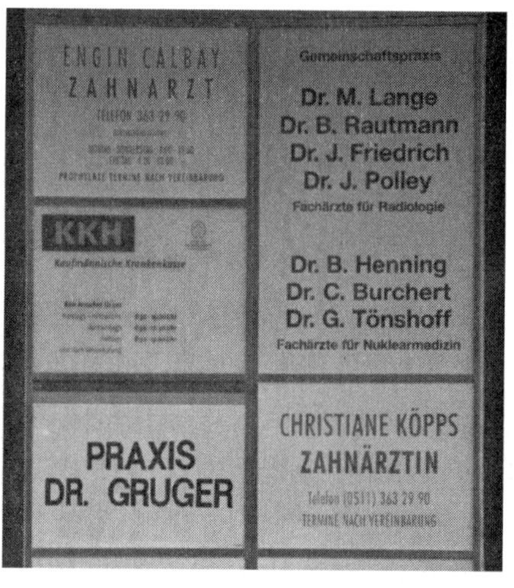

건물 앞 병원간판

Sabine:	Wo ist denn Mina?
Frau Klein:	Sie liegt[1] noch im Bett[2]. Ihr geht es nicht gut.
Sabine:	Was ist denn los[3] mit dir?
Mina:	Ich habe Bauchschmerzen[4].
Sabine:	Hast du auch Fieber[5]?
Mina:	Ja, ich glaube[6] schon.
Sabine:	Sollen wir zum Arzt[7] gehen?
Mina:	O.k.
Sabine:	Gut. Ich mache einen Termin[8].
Praxis:	Guten Tag, Praxis Doktor Huber.
Sabine:	Guten Tag, ich hätte gern einen Termin bei Dr. Huber. Meine Freundin[9] ist krank[10]. Können wir jetzt kommen?
Praxis:	Ja, gut. Das geht[11].

---

1) lieg-en v. 놓여 있다.
2) Bett das -en 침대
3) los adv. (los sein)
  →Was ist denn los? 그런데 무슨 일이야? →Los, komm! 빨리 와!,
  →Los! 시작!
4) Bauchschmerzen die - 복통, ~haben 배가 아프다.
5) Fieber das - 열, ~haben 열이 있다.
6) glaub-en v. 믿다, 생각하다.
7) Arzt der Ärzte 의사(직업), 개인 병원(Arztpraxis)
8) Termin der -e 예약, 약속.
9) Freundin die -nen 여자친구
10) krank sein adj. 아픈 ↔ gesund 건강한

 *b. Gute Besserung!* 쾌유를 빕니다!

병원 대기실

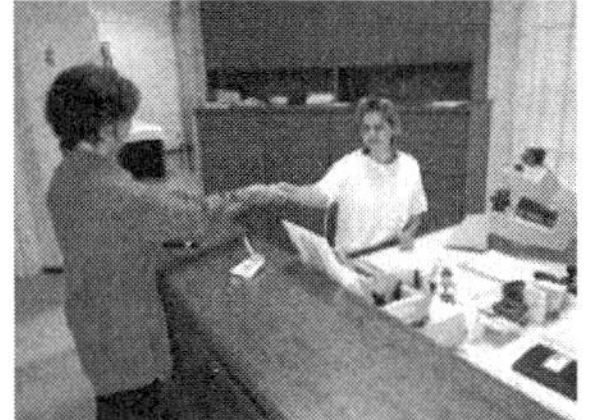

병원의 접수처

Sabine:	Guten Tag! Mein Name ist Sabine Klein.
	Ich habe einen Termin bei Doktor Huber für meine Freundin.
Sprechstundenhilfe:	Haben Sie eine Versicherungskarte[1]?
Mina:	Ja, hier.
Sprechstundenhilfe:	Bitte warten Sie einen Moment[2] im Wartezimmer.
Sprechstundenhilfe:	Frau Kang! Bitte kommen Sie mit!
Dr. Huber:	Guten Tag, Frau Kang! Was fehlt[3] Ihnen denn?
Mina:	Mein Bauch[4] tut[5] weh, und ich habe Fieber.
Dr. Huber:	Ja, Sie haben 39 Grad Fieber. Das ist eine Magen- und Darmgrippe.
	Warten Sie mal! Ich schreibe[6] Ihnen ein Rezept[7] auf.
Mina:	Vielen Dank!
Dr. Huber:	Gute Besserung[8]!

---

11) das geht: 괜찮아, 가능해.
1) Versicherungskarte die -n 보험카드
2) Wartezimmer das - 대기실
3) Was fehlt dir/Ihnen? (너/당신) 어디 아파/아프십니까?
4) Bauch der -ä-e 배
5) weh/tun (+3격) 누구에게 무엇이 고통스럽다, 아프다.
6) *auf*/schreib-en v. .....을 쓰다. 기록하다,
7) Rezept das -e 처방
8) Gute Besserung 쾌유를 빕니다.

신체와 질병

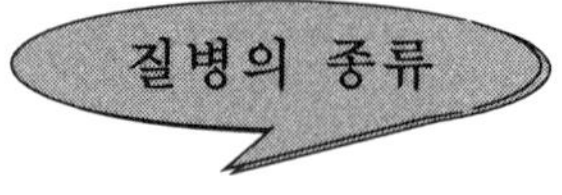

Kopf der, -ö -e	머리		Haar das, -e	머리 카락
Auge das, -n	눈		Schulter die, -n	어깨
Finger der, -	손가락		Arm der, -e	팔
Mund der, -ü -er	입		Bein das, -e	다리
Brust die, -ü -e	가슴		Zeh der, -en	발가락
Bauch der, -ä -e	배		Fuß der, -ü -e	발
Knie das, -	무릎		Hintern der, -	엉덩이
Hals der, -ä -e	목		Rücken der, -	등
Hand die, -ä -e	손			

Schmerz der, -en	고통
Zahn(Kopf-,Rücken-,Hals-)schmerzen haben	이(머리, 등, 목)가 아프다

Grippe die	몸살	Erkältung die	감기
eine Grippe haben	몸살에 걸리다	eine Erkältung haben	감기에 걸리다
Schnupfen der	콧물	Durchfall der	설사
Schnupfen haben	콧물을 흘리다	Durchfall haben	설사를 하다

Info

Herr Doktor...

우리는 흔히 Doktor라고 하면 전공분야에서 최고의 학위를 획득한 사람으로 어떤 분야의 '박사'라는 호칭을 사용한다. 독일에서 Doktor라고 하면 일반적으로 의사선생님을 지칭한다. 의사가 남자일 경우에는 "Guten Tag, Herr Doktor"라고 하고 여자일 경우에는 "Guten Tag, Frau Doktor"라고 하며, 이때 의사선생님의 성은 말하지 않는다. 독일에서 인문계나 자연계의 박사를 부를때는 Doktor라는 말은 생략하고 Herr 혹은 Frau라고한 후 성 Familienname을 첨가하여 부른다. 독일인은 감기등 가벼운 병이 났을 때 바로 병원에 가지 않고 집에서 안정을 취하면서 약을 먹지않고 차를 마신다. 약을 먹을 때는 약에 대한 설명서를 꼼꼼하게 읽은 후 약의 남용을 방지하기위해 꼭 필요한 약만 소량 복용한다. 재체기할 때 "Gesundheit 건강 조심하세요!" 아플 때 "Gute Besserung 빨리 회복하세요!"라는 인사를 한다.

C. 문법(Grammatik)

① 소유관사(소유대명사)

ich-mein	du-dein	er-sein	sie-ihr	es-sein
나는-나의	너는-너의	그는-그의	그녀는-그녀의	그것은-그것의
wir-unser	ihr-euer	sie -ihr	Sie(경칭)-Ihr
우리는-우리들의	너희들은-너희들의	그들은-그들의	당신은-당신의

소유관사는 단수에서는 부정관사의 어미변화를 복수에서는 정관사의 어미변화를 따르는 것에 유의하여야 한다.

		단수			복수
		m 남성	n 중성	f 여성	
부정관사	1격	ein Freund	ein Foto	eine Freundin	- Geschwister
	4격	einen Freund	ein Foto	eine Freundin	- Geschwister
소유대명사	1격	mein Freund	mein Foto	meine Freundin	meine Geschwister
	4격	meinen Freund	mein Foto	meine Freundin	meine Geschwister
	1격	dein Freund	dein Foto	deine Freundin	deine Geschwister
	4격	deinen Freund	dein Foto	deine Freundin	deine Geschwister

② 화법조동사

1)화법조동사의 변화
화법조동사의 변화는 단수 1인칭과 3인칭만 다르고 현재인칭변화의 어미와 동일하다.

	können 할 수 있다 능력,가능성		müssen 해야만한다		mögen 좋아하다		dürfen 해도좋다 허락		wollen 하고싶다		sollen ....하는 것이 좋다(권유)	
ich	kann		muss		mag		darf		will		soll	
du	kann	st	muss	t	mag	st	darf	st	will	st	soll	st
er/es/sie	kann		muss		mag		darf		will		soll	
wir	könn	en	müss	en	mög	en	dürf	en	woll	en	soll	en
ihr	könn	t	müss	t	mög	t	dürf	t	woll	t	soll	t
sie(Sie)	könn	en	müss	en	mög	en	dürf	en	woll	en	soll	en

2) 화법조동사의 위치

  ① 화법조동사의 위치는 주어 다음에 오고 본동사는 문장 맨 끝에 온다.
    의문문일 경우에 화법조동사가 문두에 본동사가 문말에 위치한다.

    a. Ich **muss** um 6 Uhr *auf*stehen.　　나는 정각 6시에 일어나야만 한다.
    b. **Darf** ich hier **parken**?　　　　내가 여기 차를 세워도 좋을까요?

  ② 본동사가 오지 않아도 화법조동사만으로 뜻이 충분히 전달되는 경우에 본동사는 생략된다.
    Ich **kann** Englisch. 나는 영어를 할 수 있다. 여기서 'sprechen 말하다'는 생략할 수 있다.

3) 화법조동사의 용법

  ① **Darf** ich hier **rauchen**?　　　　　내가 여기서 담배를 피워도 될까요? (허가)
  ② Nein, du **darfst** hier *nicht* **rauchen**.　아니, 너는 여기서 담배를 피워서는 안돼. (금지)
  ③ Meine Mutter ist sehr krank　　　　나의 어머니는 매우 편찮으십니다.
    Soll sie zum Arzt **gehen**?　　　　어머니는 의사에게 가는 것이 좋을까요? (권고, 권유)
  ④ Er **kann** gut Deutsch (sprechen).　　그는 독일어를 잘 말 할 수 있다. (가능)
  ⑤ Heute **kann** ich nicht.　　　　　　나는 오늘 시간을 낼 수가 없어. (가능)
  ⑥ **Willst** du mich **heiraten**?　　　　너 나하고 결혼하고 싶니? (의지)
  ⑦ Ich **mag** dich.　　　　　　　　　나는 너를 좋아해. (선호)

③ 표현법

  ① los sein
    Was ist denn los? 무슨 일이야?
  ② Das geht.　괜찮아.
  ③ Das ist okay(gut). 좋아.
  ④ Was fehlt Ihnen (denn)? 그런데 당신 어디 안 좋아요?
    Was fehlt dir?　너 왜 그래?
  ⑤ weh tun
    Was tut Ihnen weh? 당신은 어디가 아프죠? – Mein Bauch tut weh.　내 배가 아파요.
    Wo tut es Ihnen weh? 어디가 아프십니까? – Mein Arm tut weh. 내 팔이 아파요.
  ⑥ Schmerzen haben
    Wo haben Sie Schmerzen? 당신은 어디 편찮으십니까?

D. 연습문제(Übung)

1. 다음표의 가로와 세로를 잘 살펴보고 신체의 열한개 부분에 해당하는 단어를 적으시오.

A	R	M	K	O	P	F
R	S	X	O	H	R	Z
Ü	P	N	F	U	β	X
C	B	A	U	C	H	T
K	E	S	Z	A	H	N
E	I	E	H	A	N	D
N	N	F	Q	Z	E	H

1)_______________________

2)_______________________

3)_______________________

4)_______________________

5)_______________________

6)_______________________

7)_______________________

8)_______________________

9)_______________________

10)_______________________

11)_______________________

2. 신체부위에 대한 단어를 다시 한번 연습하십시오. 알맞은 관사와 복수형을 쓰고
   단어의 뜻을 쓰시오.

1) das Auge   Augen   눈
2) ____ Nase   ______ ______
3) ____ Mund   ______ ______
4) ____ Zahn   ______ ______
5) ____ Ohr   ______ ______
6) ____ Arm   ______ ______
7) ____ Schulter ______ ______
8) ____ Hand   ______ ______
9) ____ Finger   ______ ______
10) ____ Bein   ______ ______
11) ____ Fuß   ______ ______
12) ____ Zehe   ______ ______

3. 보기에 주어진 단어를 밑줄에 적으시오.

haben   sein   nehmen   gehen

1)
① krank
② gesund   ________
③ müde

2)
① Bauchschmerzen
③ einen Termin   ________
④ Fieber

3)
① ins Bett
② zum Arzt   ________
③ in die Apotheke

4)
① Medikamente
② Tabletten   ________
③ ein Bad

4. 알맞은 소유관사(소유대명사)를 고르시오.

1) *Frau Müller geht es nicht gut. ________ Bauch tut weh.*
① Ihre
② Ihr
③ Seine
④ Sein
⑤ Mein

2) *"Was fehlt Ihnen denn?" "Herr Doktor, ________ Hals tut weh."*
① Mein
② Sein
③ Meine
④ Ihre
⑤ Ihr

3) *"Ist das ________ Hund?" "Nein, der gehört nicht uns."*
① Ihr

② ihr

③ euer

④ unser

⑤ sein

4) *"Martina, _______ Schwester ist richtig süß!" "Meine Schwester? Findest du??"*

  ① seine

  ② deine

  ③ mein

  ④ ihre

  ⑤ sein

5) *"Gehört das Auto deinen Freunden?" "Nein, das ist nicht _______ Auto."*

  ① sein

  ② ihr

  ③ Ihr

  ④ unser

  ⑤ mein

5. 보기의 화법조동사를 적절히 변형하여 빈칸에 써넣으시오.

können　müssen　dürfen　sollen　wollen　möchten

1) △ "Maria, gehen wir heute schwimmen?"

  ▼ "Tut mir Leid, Ich _______ leider nicht schwimmen."

2) △ "_______ Sie eine Tasse Kaffee?"

  ▼ "Ja, gern."

3) △ "_______ ich hier parken?"

  ▼ "Nein, das ist verboten."

4) △ "Was sagt der Arzt?"

  ▼ "Er sagt, ich _______ im Bett bleiben und nicht mehr rauchen."

5) △ " Ich _______ heute Abend unbedingt lernen."

  ▼ "Warum?"

  △ "Morgen habe ich eine Prüfung."

6) △ "Hier _______ Sie nicht rauchen!

    Das ist ein Krankenhaus!"

6. 다음은 신체의 한 부분을 설명한 것입니다. 예문과 같이 신체의 어떤 부분인지를
관사와 함께 적으시오.

> *Man kann...*
> damit jemand umarmen → <u>die Arme</u>

Man kann...

1) damit essen   → ______________
2) damit denken   → ______________
3) damit schreiben → ______________
4) damit hören   → ______________
5) damit gehen   → ______________
6) damit sehen   → ______________
7) damit küssen   → ______________
8) damit riechen   → ______________

7. 다음 문장을 읽고 의사(Arzt)가 말하는 것은 (A), 환자(Patient)가 말하는 것은 (P)로 표시
하시오.

1) Ich habe Zahnschmerzen.(   )

2) Was fehlt Ihnen denn? (   )

3) Herr Doktor, mir geht es nicht gut. (   )

4) Gute Besserung! (   )

5) Rauchen Sie? (   )

6) Mein Bauch tut weh. (   )

7) Ich schreibe Ihnen ein Rezept auf. (   )

8) Kommen Sie morgen wieder. (   )

9) Essen Sie zu viel? (   )

10) Wo tut es denn weh? (   )

8. 우측의 독일 약품에 대한 사용설명서를 읽고 적절한 단어를 골라 문장을 완성하시오.

1) *Das ist ein*
   Medikament gegen
   ① Schnupfen
   ② Magenschmerzen
   ③ Kopfschmerzen

2) *Das ist ein*
   Medikament gegen
   ① Bauchschmerzen
   ② Zahnschmerzen
   ③ Halsschmerzen

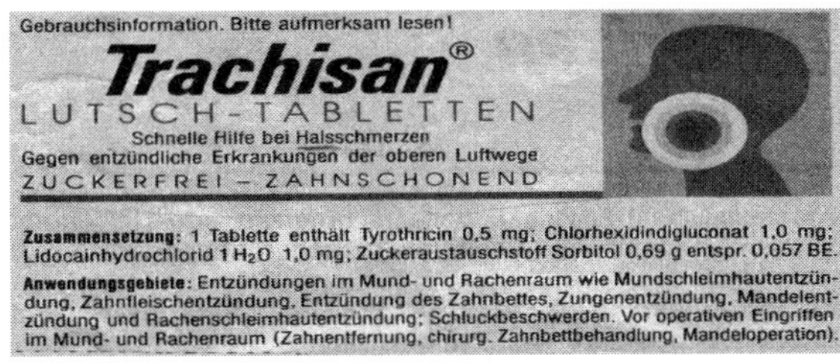

3) Das ist ein
  Medikament gegen
    ① Rückenschmerzen
    ② Magenschmerzen
    ③ Husten

Gebrauchsinformation

Codipront® Tropfen

MACK

Anwendungsgebiete

Symptomatische Behandlung von Reizhusten (unproduktiver Husten), z. B. bei Bronchitis, Grippe oder bei allergisch- und infektionsbedingten Entzündungen der Luftwege.

4) Das ist ein
  Medikament gegen
    ① Schlafstörungen
    ② Magenschmerzen
    ③ Zahnschmerzen

Gastrosil® Tropfen

Anwendungsgebiete
- Motilitätsstörungen (Bewegungsstörungen) des oberen Magen-Darm-Traktes, z.B. bei Entzündung der Magenschleimhaut, Sodbrennen, Refluxösophagitis (Entzündung der Speiseröhre durch Rückfluß von Magensaft).
- Zur unterstützenden, symptomatischen Behandlung bei Magen- und Zwölffingerdarmgeschwüren.
- Übelkeit, Brechreiz und Erbrechen (bei Migräne, Leber- und Nierenerkrankungen, Schädel- und Hirnverletzungen, Arzneimittelunverträglichkeit, Reisekrankheit).
- Bei anhaltendem Schluckauf ist ein Therapieversuch angezeigt.

Darreichungsform und Packungsgrößen
Gastrosil® Tropfen ist in Originalpackungen zu 30 (N1) und 100 (N2) ml Lösung erhältlich.

Stoff- oder Indikationsgruppe/Wirkungsweise
Gastrosil® Tropfen enthält den Wirkstoff Metoclopramid und ist ein Arzneimittel zur Behandlung von Erkrankungen des Magen-Darm-Bereichs sowie von Übelkeit und Erbrechen.

Hersteller und pharmazeutischer Unternehmer
HEUMANN PHARMA GMBH · NÜRNBERG
Heideloffstraße 18-28 · 90478 Nürnberg
Telefon: 0911/4302-0 · Telefax: 0911/4302-447
EIN UNTERNEHMEN DER SEARLE-GRUPPE

♣ E. 독일에 대하여(Landeskunde)

의료보험

약국

의료보험증

독일의사들은 진료시간이외에는 진료를 하지 않기 때문에 병원에 한번 가려면 몇 주전부터 벼르지 않으면 안 된다. 보통 의사를 만나기 위해서 예약을 하지 않으면 안되지만 미나와 같이 갑자기 아플 경우에는 전화를 해서 가능 여부를 문의한 후에 진료를 받을 수 있다. 환자는 예약을 했어도 대기실 Wartezimmer에서 30분내 지 한시간 혹은 더 많은 시간을 기다려야 하기 때문에 시간 여유를 가지고 병원에 가는 것이 좋다.

통상적으로 환자가 일차적으로 가는 병원을 개인병원 Praxis이라고 하며 이 의사가 입원하라는 진단을 하면 종합병원 Krankenhaus에 가서 입원치료를 받는다. 물론 교통사고나 심장마비 등 위급한 상황에서 구조대를 부르면(Notruf : 110) 응급차를 타고 종합병원에 바로 입원할 수 있다.

일찍부터 의료분업이 시행되고 있는 독일에서 의사의 처방을 받으려면 소정의 처방료를 납부해야 한다. 기침, 두통, 벌레물린데 바르는 약이나 아스피린 등 간단한 약품은 의사의 처방을 받지 않고도 약국에서 구입할 수 있으나 대부분은 의사의 처방에 따라 약국에서 약을 구입해야 한다. 물론 주사는 병원에서 맞는다.

의료수가가 매우 비싸기 때문에 국민들은 국가에서 실시하는 의료 보험이나 사설 개인 보험에 들어야 한다. 월 소득이 일정 상한선에 이르지 않는 사람들은 의료보험 의무 가입 대상자이다. 생산직, 사무직 근로자, 대학생, 농민, 예술가, 중증 장애인, 실업자 등은 의무 가입 대상자이고 고소득 근로자, 자영업자 및 공무원은 보험 가입 의무가 면제된다. 학생들은 사립보험이나 AOK같은 보험을 든다. 나이와 직업 등을 고려하여 보험료를 지불하는데 나이가 어린 학생에게는 특별 할인도 해준다.

의료 보험금에는 건강 촉진 및 질병 예방, 질병의 진단, 치료, 임신, 출산의 비용 전부가 포함되어 있다. 의치를 해 넣는 경우 등 단지 몇 가지 경우만이 환자 본인 부담으로 되어있어서 일부만 보험 처리가 되는 우리 나라와는 사뭇 다르게 병의 예방부터 치료 및 요양 단계까지가 전부 의료보험으로 커버가 가능하다. 그러나 이러한 독일의 의료 보험 제도도 늘어나는 의료 보험 수가를 감당할 재정이 미비하여 점점 피보험자의 부담이 확대되고 있는 추세이다. 환자는 의사를 임의로 선택할 수 있으며 진료비는 의사가 직접 의료보험 측과 계산을 한다. 단 사설 보험에 가입한 사람은 먼저 비용을 내고 영수증을 보험회사로 보내서 그 비용을 돌려 받도록 되어있다.

9과   Auf Wonungssuche 방 구하기

A. 대화(Dialog)

a. Mein Gott! 맙소사!

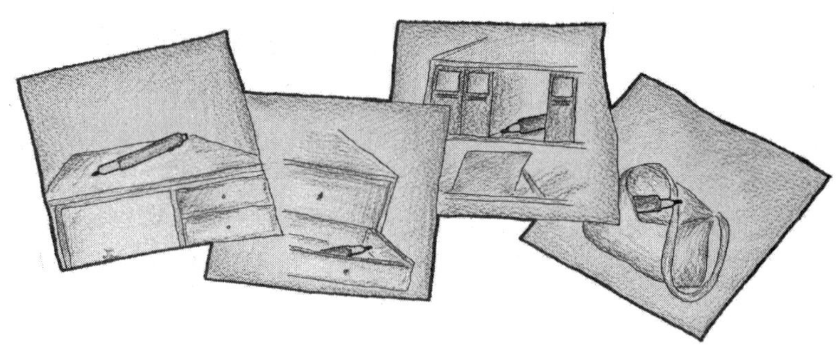

볼펜이 어디있을까?

Mina: Bettina, weißt du, wo mein Kugelschreiber ist?

Bettina: Ja. Ich glaube, der liegt in meinem Zimmer[1].

Mina: Wo denn?

Bettina: Vielleicht auf dem Schreibtisch[2].

Mina: Nein, da liegt er nicht.

Bettina: Oder in der Schublade[3]?

Mina: Nein, da ist er auch nicht.

Bettina: Liegt er vielleicht im Regal[4] neben den Büchern[5]?

Mina: Nein! Bettina!

Bettina: Ach, ich weiß es. Er ist in der Schultasche[6].

Mina: Wo ist deine Schultasche?

Bettina: Die liegt unter dem Bett.

Mina: Mein Gott[7]!

---

1) Zimmer das -e 방
2) Schreibtisch der -e 책상
3) Schublade die -en 서랍
4) Regal das -e 책장, 서가.
5) Buch das ü-er 책
6) Schultasche die -en 책가방
7) Mein Gott 맙소사!

b. Und wo wohnst du? 그런데 너는 어디 살고있니?

기숙사 입구에 있는 초인종

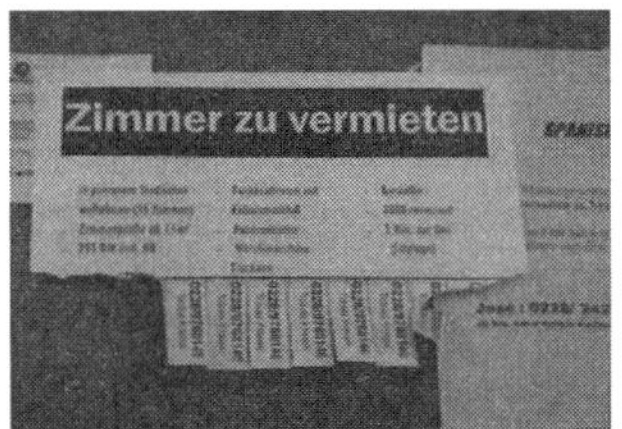

세입자를 구하는 게시물

Carlo: Mina, wo wohnst du eigentlich[1]?

Mina: Ich wohne in einer deutschen Familie.

Carlo: Ich suche[2] ein neues[3] Zimmer.

Mina: Warum willst[4] du umziehen[5]?

Carlo: Mein Zimmer ist zu[6] klein[7] und zu dunkel[8].

Mina: Ach so[9]! Schau doch mal auf das schwarze Brett.

           Da hängen[10] Zimmeranzeigen.

Carlo: Gute Idee[11]!

Mina: Schau mal hier.

Zimmer zu vermieten[12].

10qm, Bad[13] und Küche[14].

200 Euro warm[15]. Innenstadtnähe.

Tel. 0221-15781

---

1) eigentlich 원래, 본래, 도대체(의문문에서 화자가 무엇인가 확실한 것을 알고 싶을 때 사용)
2) such-en v. 찾다, 구하다
3) neu sein adj. 새로운 ↔ alt 오래된, 낡은
4) woll-en ……하고 싶어 하다.
5) *um*/zieh-en 옷이나 집을 바꾸다.
6) zu adv. 너무……한
7) klein sein adj. 작은 ↔ groß 큰
8) dunkel sein adj. 어두운 ↔ hell 밝은
9) Ach so! 아 그래! (갑자기 어떤 일을 이해했을 때 사용)
10) häng-en v. 걸려있다.
11) Gute Idee! 좋은 아이디어야!
12) vermiet-en v. 빌려주다. eine Wohnung, ein Zimmer, ein Auto~집, 방, 자동차를 빌려주다.
13) Bad das -ä-er 목욕실, Badezimmer 욕실
14) Küche die -n 부엌
15) warm sein adj. 경비를 포함한 ↔ kalt 경비를 포함하지 않은

Carlo: Das ist mir zu teuer.

Mina: Schau mal da.

Zimmer in W. zu vermieten.
8qm, 127 Euro kalt[1].
Tel. 0221-700243

Carlo: Das hört sich gut an[2]. Da rufe ich mal an.

Info

복도

한국사람들은 집에서 신을 벗고 생활하지만 독일인들은
항상 신을 신는다. 현관문을 열면 복도에 들어서게 되
는데 흔히 복도에는 창문이 없어서 어둡다. 대부분 이 곳에
는 옷거리가 비치되어 있는데 외출에서 돌아와서 이 곳에
외투, 모자, 우산 등을 걸어 놓는다.
손님이 방문했을 경우에도 이곳에서 겉옷을 벗어 걸고
들어온다. 신을 벗고 생활하는 가정에서는 여기서 슬리퍼로
갈아 신는다.

---

1) kalt sein adj. 경비를 포함하지 않은 ↔ warm,
2) etwas hört sich gut an 뭔가 흥미진진하게 들린다.

여러가지 형태의 독일건축

das Einfamilienhaus
개인주택

das Hochhaus
빌딩

der Altbau
전통가옥

das Reihenhaus
연립주택

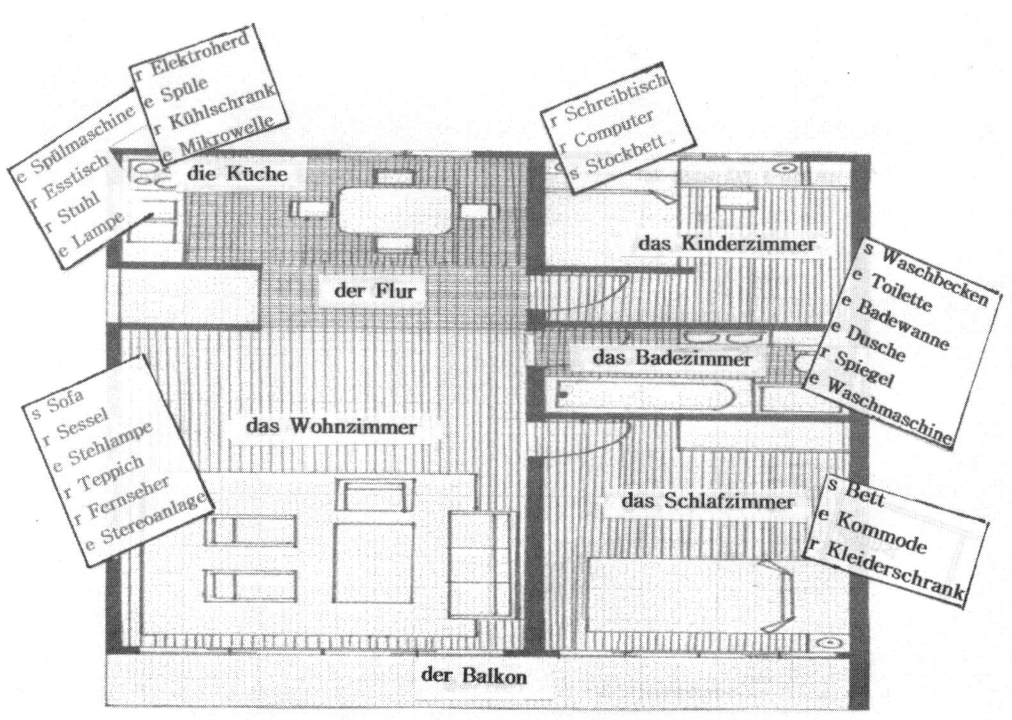

평면도

Spülmaschine die, -n	세척기	Mikrowelle die, -n	전자레인지
Esstisch der, -e	식탁	Schreibtisch der, -e	책상
Stuhl der, -ü -e	의자	Computer der, -	컴퓨터
Lampe die, -n	등	Stockbett das, -en	이층침대
Elektroherd der, -e	오븐	Waschbecken das, -	세면대
Spüle die, -n	씽크대	Toilette die, -n	화장실, 변기
Kühlschrank der, -ä -e	냉장고	Badewanne die, -n	욕조
Dusche die, -n	샤워실		
Spiegel der, -	거울	Stehlampe die, -n	양탄자
Waschmaschine die, -n	세탁기	Fernseher der, -	텔레비젼
Bett das, -en	침대	Stereoanlage die, -n	전축
Kommode die, -n	서랍장	Küche die, -n	부엌
Kleiderschrank der, -ä -e	옷장	Flur der, -e	복도
Sessel der, -	의자(쿠션이 있는)	Zimmer das, -	방

C. 문법(Grammatik)

① 3,4격 지배전치사

auf ......위에　in ...안에　an 무엇 옆에　über ......위에　vor........앞에

hinter .....뒤에　unter.........아래에　zwischen.....사이에　neben......옆에

위에 열거한 9개의 전치사가 동작의 방향을 나타낼 때는 4격명사가, 정지상태를 나타낼 때는 3격 명사가 오는 것에 유의하여야 한다. 따라서 의문사 wo(정지상태일 때-어디에?)로 물어 볼 때는 3격의 전치사를, wohin(동작의 방향을 나타낼 때-어디로?)으로 물어 볼 때는 4격의 전치사를 사용하여 대답해야 한다. 3격은 정지, 4격은 동작을 의미하므로 이때 3정(靜)4동(動)으로 암기하면 편리하다.

Wo? (3격의 전치사)	Wohin? (4격의 전치사)
① Das Kind sitzt auf dem Stuhl	Die Mutter setzt das Kind auf den Stuhl.
② Mein Kugelschreiber liegt unter dem Bett.	Ich lege meinen Kugelschreiber unter das Bett.
③ Der Tisch steht zwischen dem Schrank und dem Bett.	Stell den Tisch zwischen den Schrank und das Bett.
④ Ich bin in der Bibliothek.	Ich gehe heute Nachmittag in die Bibliothek.
⑤ Das Auto steht vor dem Haus.	Das Auto fährt vor das Haus.
⑥ Über dem Tisch hängt eine Lampe.	Häng die Lampe bitte über den Tisch!
⑦ Wer sitzt da neben dir?	Ich setze mich neben dich.
⑧ Hinter der Post ist der Bahnhof.	Geh hinter die Post. Da ist der Bahnhof.
⑨ Das Poster hängt an der Wand.	Ich möchte das Poster an die Wand hängen.

① 그 아이는 의자에 앉아 있다.	그 어머니는 아이를 의자에 앉힌다.
② 내 볼펜은 침대 밑에 있다.	나는 내 볼펜을 침대 밑에 놓는다.
③ 그 책상은 장롱과 침대사이에 있다.	그 책상을 장롱과 침대사이에 세워 두어라.
④ 나는 도서관에 있습니다.	나는 오늘 오후에 도서관에 갑니다.
⑤ 그 자동차는 집 앞에 서 잇습니다.	그 자동차는 집 앞으로 지나갑니다.
⑥ 식탁 위에 램프가 걸려 있습니다	그 램프를 식탁위에 좀 걸어줘!

⑦ 네 옆에 있는 그 남자가 누구지? 나는 네 옆에 앉는다.
⑧ 우체국 뒤에 역이 있어. 우체국 뒤로 가. 거기 역이 있어.
⑨ 포스터가 벽에 걸려 있어. 나는 포스터를 벽에 걸고 싶어.

in (+dem), an (+dem) + 3격 in (+das), an (+das) + 4격
   → im, am   → ins, ans

위의 문장에서 sitzen, liegen, stehen, hängen은 자동사이므로 그 뒤에 오는 전치사가 3격을 지배하고, setzen, legen, stellen, hängen은 타동사임으로 그 뒤에 오는 전치사가 4격을 지배하는 것에 유의해야 한다.

② 표현법

1) Gott의 다양한 표현
  ① Gott sei Dank! 아유 다행이야.
  ② Mein Gott, spinnst du? 맙소사.(세상에)..... 화가 났을 때나 놀랐을 때, 좋지 않은 일이 있을 때, 너 정신있어?
  ③ Mein Gott! 원, 이런, 야단났는데...(3과 문법참조)

2) 감탄사 Ach
  ① Ach, ich weiß es. 아, 알겠어. 갑자기 생각이 날 때
  ② Ach ja! 아아 맞아요.
  ③ Ach so. = Ich habe verstanden. 아아 그래요, 알겠어요.
  ④ Ach, stimmt. 아, 그래. 아 맞아. 갑자기 잊은 것을 알게 되었을 때.

3) 의문사에서의 eigentlich
상대방에게 관심이 있어서 오래 전 부터 질문하고 싶었으나 시간이 없어서 형편상 물어보지 못하다가 어느 시점에 상대방에 대한 관심을 실제로 표명할 때
  ① Wo wohnst du eigentlich? 너 원래 어디 살고 있지?
  ② Was machst du eigentlich? 도대체 너 무엇을 하는 거야?
  ③ Wie geht's dir eigentlich? 실제로 너 잘 지내고 있어?

1. 다음표의 가로와 세로에서 가구 10개를 찾아 기입하시오.

Y	K	Ä	S	T	U	H	L
S	O	F	B	E	T	T	S
P	M	L	A	P	B	A	T
I	M	A	S	P	Ü	L	E
E	O	M	T	I	S	C	H
G	D	P	F	C	O	M	L
E	E	E	G	H	F	N	S
L	S	C	H	R	A	N	K

1)_______________________

2)_______________________

3)_______________________

4)_______________________

5)_______________________

6)_______________________

7)_______________________

8)_______________________

9)_______________________

10)_______________________

2. 다음 공간에 어울리는 가구를 쓰시오.

1) Wohnzimmer: *Sofa* _________________________________

2) Schlafzimmer: _________________________________

3) Kinderzimmer: _________________________________

4) Küche: _________________________________

5) Badezimmer: _________________________________

6) Flur: _________________________________

7) Arbeitszimmer: _________________________________

3. 반대말끼리 연결하시오.

1) alt   teuer

2) altmodisch   hell

3) billig   ungemütlich

4) bunt   unpraktisch

5) dunkel   unbequem

6) eckig   einfarbig

7) groß   modern

8) bequem   neu

9) praktisch   rund

10) gemütlich   klein

4. 다음 문장에 이어지는 알맞은 형용사를 고르시오. (답은 여러개 있을 수 있음)

1) *Ein Sofa ist __________.*
   ① ruhig
   ② laut
   ③ bequem
   ④ unbequem
   ⑤ hoch

2) *Ein Kühlschrank ist __________.*
   ① gemütlich
   ② praktisch
   ③ klein
   ④ unbequem
   ⑤ tief

3) *Ein Esstisch ist ________.*
   ① rund
   ② leise
   ③ teuer
   ④ bequem
   ⑤ blond

4) *Die Miete ist __________.*
   ① teuer
   ② groß
   ③ klein
   ④ hoch
   ⑤ alt

5) *Ein Zimmer ist ________.*
   ① dunkel
   ② klein
   ③ rund
   ④ bequem
   ⑤ praktisch

5. 각각의 그림을 보고 알맞은 전치사를 이용하여 그림을 설명하시오.

 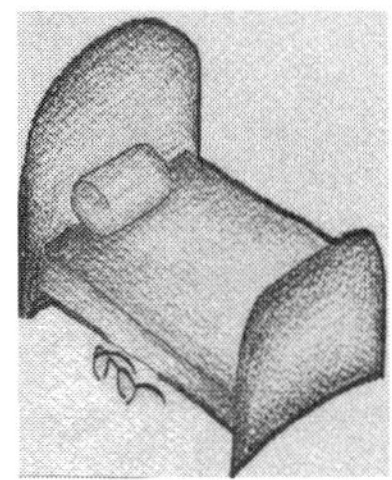 

1)____ ____ Tisch   2)____ ____ Bett   3)______ ____ Büchern ___ Regal

 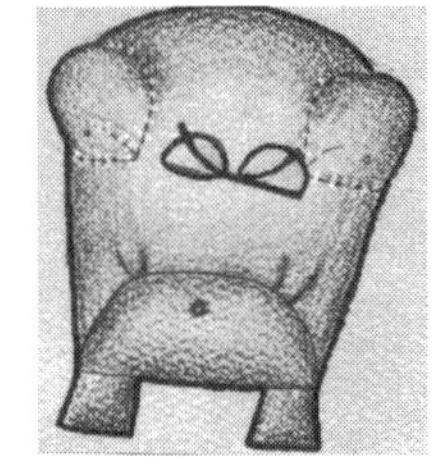 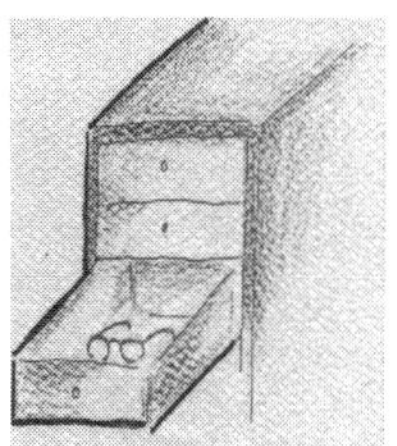

4)____ ____ Nase   5)____ ____ Tasche   6)____ ____ Schublade

6. 다음 그림의 번호에 해당하는 물건을 독일어로 적으시오. 보기와 같이 관사와 명사를 쓰시오.

① <u>das</u> <u>Fenster</u>
② ___ ______
③ die ________

④ __ _______
⑤ der _______
⑥ __ <u>Ball</u>
⑦ __ _______
⑧ __ Schrank
⑨ __ _______
⑩ __ Lampe
⑪ der _______
⑫ die _______

7. 문제 6번에 있는 그림을 다시 한번 살펴보고 이 물건들이 어느 곳에 있는지 줄을 그어 완전한 문장을 만드시오.

1) Der Schrank	hängt	auf dem Stuhl.
2) Die Uhr		in der Schublade.
3) Der Wecker	steht	an der Wand.
4) Der Regenschirm	liegt	im Schrank.
5) Die Bücher		neben dem Fenster.
6) Das Telefon	liegen	auf dem Boden.
7) Die Mütze		in der Kiste.
		auf dem Schrank

8. 카를로가 이사를 했습니다. 미나가 가구를 배치하는 것을 도와줍니다. 밑줄 부분에 알맞은 전치사를 적어 넣으시오.

an neben in über zwischen auf vor

1) Carlo: Wohin stellen wir den Schrank?

2) Mina: Dort rechts _____ *die* Wand?

3) Carlo: Nein, da steht er nicht gut. Stellen wir ihn lieber ______ *das* Fenster.

4) Mina: Und den Tisch?

5) Carlo: Den stellen wir ____ *die* Mitte.

6) Mina: Das Poster hier hängen wir ______ *das* Bett.

7) Carlo: Gute Idee. Und den Schreibtisch?

8) Mina: Den stellen wir ______ *die* Tür und *das* Fenster.

9) Carlo: Nein, da ist es zu dunkel. Den stellen wir lieber ______ *das* Fenster.

10) Mina: Gute Idee. Und die Lampe?

11) Carlo: Die stellen wir ______ *den* Tisch.

12) Mina: Ich bin müde. Ich lege mich jetzt ______ mein Bett und schlafe ein bisschen!

독일 주택

정원이 있는 개인주택

5층으로 된 독일 주택

　독일 시내 곳곳에는 현대건물과 나란히 오래동안 보전되어 내려오는 전통 가옥이 있다. 얼핏보면 박물관으로 착각하기 쉬운 이 건물에 지금도 사람이 살고 있다. 독일의 주택은 보통 3-5층으로 된 경우가 많다. 거실도 하나의 방으로 치기 때문에 방 세 개 짜리 집이라고 하면 통상 방 두 개와 거실이 딸린 집인 경우가 많다. 또 층을 셀 때 2층부터 1층으로 간주하기 때문에 우리나라의 2층이 독일에서는 1층 Erster Stock이 되고 우리나라의 3층이라면 독일식으로는 2층 Zweiter Stock이 되므로 우리나라의 1층을 독일에서는 Erdgeschoß라고 부른다.

　독일인의 2/3는 주택을 임대하여서 살고 있으며 우리나라에 비해 자가 주택 비율이 낮은 편이다. 독일은 세입자 보호 정책이 잘 되어 있고 꼭 자기 집을 장만해야 한다는 생각이 별로 없기 때문에 세입자 비율이 높은 것이다. 독일에서는 국가가 주택 자금을 보조해 주는데 세 입주자가 과도한 임대료를 지불해야 하는 경우나 자가 주택 소유자가 그 유지비로 많은 비용이 들어갈 때는 주택 자금 보조를 청구할 수 있다.

　독일은 우리나라와는 달리 전세가 없고 월세 제도만 있다. 집을 계약할 때 보증금 Kaution으로 2개월 내지 3개월의 월세를 미리 지불하여야 한다. 계약이 만료된 후 이사 갈 때 세입자는 살던 집을 이사 오기 전 상태로 해 놓아야 한다. 페인트칠부터 집안청소까지 완벽하게 해 놓지 않으면 보증금을 돌려받을 수 없게 된다. 이렇게 집을 보호하기 때문에 독일에는 수백 년 전에 지은 집도 파손되지 않은 채 사람들이 거주하고 있는 것을 종종 보게 된다.

　집을 구하는 방법은 일간신문 혹은 전문 중계업소를 이용한다. 학생들 경우에는 학교 게시판을 이용한다. 가격은 그 집이 어느 곳에 위치하고 있는가와 크기, 시설여부 및 가구가 딸린 방인지 아닌지 등에 따라 결정된다. 학생들의 경우 평방미터(1qm 약 3.3.평)로 방의 크기를 표시하고 기타조건들을 제시한 쪽지를 학교 게시판에 붙이기도 한다. 만약 계약기간 전에 이사해야 할 경우에는 주인에게 이 사실을 알리고 남은 계약기간 동안 살게 될 사람을 구해야 이사할 수 있다.

　학생들은 대부분 시설이 좋고 가격이 저렴한 학교 기숙사 Studentenwohnheim를 원하지만 워낙 희망자가 많기 때문에 공동주택 WG: Wohngemeinschaft에서 거주한다. WG의 거주자는 화장실, 부엌, 욕실 등을 공동으로 사용하고 방은 독립적으로 쓰기 때문에 일반 아파트나 개인 주택보다 생활비가 절약되며 거주자들끼리 마음이 맞을 경우 일상 생활용품이나 식료품 등을 공동구매하면서 가족같은 정을 나누기도 한다.

10과 Kleider kaufen 옷 사기

A. 대화(Dialog)

 a. *Puh! Ist das warm!* 휴! 더워라!

청소년 패션잡지

의류 백화점

Mina: Puh[1]! Ist das warm[2] heute!

          Ich muss[3] mir unbedingt[4] Sommersachen[5] kaufen.

Sabine: Was brauchst du denn?

Mina: Ein paar[6] T–Shirts und ein Kleid[7].

Sabine: Sollen[8] wir zusammen in die Stadt gehen?

Mina: Hast du denn Zeit?

Sabine: Ja, ich brauche auch eine Hose[9].

Mina: Gut, gehen wir zusammen.

Sabine: Um wie viel Uhr?

Mina: Geht es um drei?

Sabine: Kannst[10] du auch ein bisschen später[11]? Gegen[12] vier?

          Ich muss noch einen Aufsatz[13] fertig[14]machen.

Mina: Ja, das geht.

---

1) Puh! 휴(덥거나 땀을 흘릴때의 감탄사)

2) warm sein adj.더운 ↔ kühl 서늘한

3) müss-en v. ....해야만 한다.

4) unbedingt adj. 어떠한 경우라도, 반드시

5) Sommersachen die - 여름 옷

6) paar pron. 적은, 많지 않은. ein ˜몇몇의

7) Kleid das -er 옷

8) soll-en v. ......해야만 한다. 제안, 충고, 의무, 당위.

9) Hose die -n 바지

10) könn-en v. ....할 능력이 있다. .....할 수 있다.

11) spät sein adj. 늦은 ↔ früh 이른

12) gegen 쯤 +시간표시

13) Aufsatz der -ä-e 작문, 논문

14) fertig sein adj. 작업이 끝난

폴로 티셔츠

옷가게

Sabine: Hier gibt's gute Klamotten[1]. Lass uns mal reingehen[2].

Sabine: Guck[3] mal, wie findest[4] du die T-Shirts hier?

Mina: Die Farbe[5] gefällt[6] mir nicht. Ich suche ein gelbes[7] T-Shirt.

Sabine: Entschuldigung. Haben Sie gelbe T-Shirts?

Verkäuferin: Tut mir Leid, aber wir haben keine.

Mina: Schade, dann nehme ich ein weißes[8].

Sabine: Brauchst du nicht noch ein Kleid?

Mina: Stimmt[9].

Sabine: Schau mal. Hier sind Kleider. Willst du dieses mal probieren[10]?

Mina: Das Kleid ist toll, aber es ist mir zu klein.

Sabine: Hier ist ein größeres. Probier mal!

Mina: Ja, das passt[11]. Das nehme ich.

---

1) Klamotten die 옷 = Kleidung
2) (he)rein/geh-en v. 들어가다 ↔ herein/kommen 들어오다
3) guck-en v. 보다 = schauen, sehen
4) find-en v. 생각하다.
5) Farbe die -n 색깔
6) gefall-en v. (+3격) ...이 마음에 들다
7) gelb adj. 노란
8) weiß sein adj. 하얀
9) stimmt = richtig sein. 맞는, 의심할 여지가 없는..
10) probier-en v. 시험해보다, Kleidung~ 옷을 입어보다,
11) pass-en v. 칫수에 알맞다.

의복과 색깔

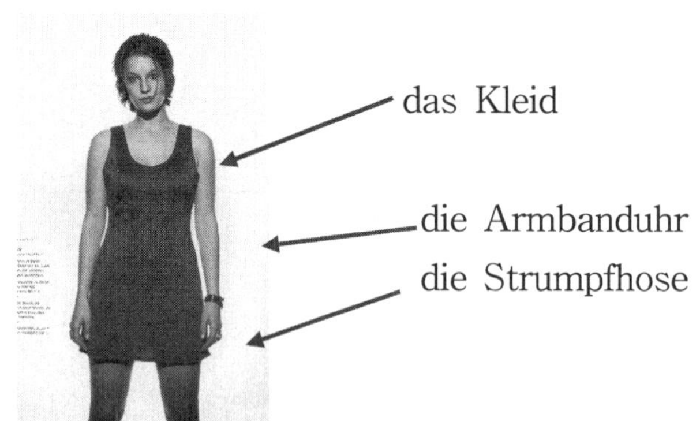

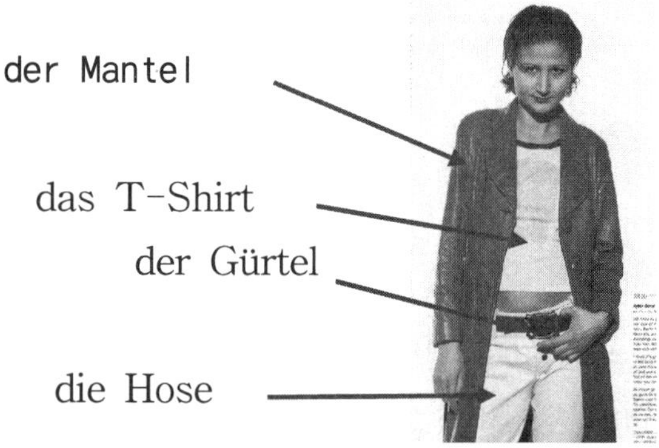

Anzug der, -ü -e	양복	passen	어울리다
Hemd das, -en	와이셔츠	*aus*sehen	무엇처럼 보이다.
Bluse die, -en	브라우스	eng (Adj.)	좁은
Rock der, -ö -e	스커트	weit (Adj.)	넓은
Unterwäsche die	속옷	kurz (Adj.)	짧은
Pullover der, -	스웨터	lang (Adj.)	긴
Jeans die, -	청바지	bunt (Adj.)	알룩달룩한
Schuh der, -e	신	einfarbig (Adj.)	한가지색의
Socke die, -n	양말	dick (Adj.)	뚱뚱한, 두꺼운(옷감)
Kostüm das, -e	의상	dünn (Adj.)	마른, 얇은(옷감)
Jacke die, -n	잠바	dunkel (Adj.)	어두운
Hut der, -ü -e	모자	hell (Adj.)	밝은
Mütze die, -en	테두리가 없는 모자(빵덕모자)	modern (Adj.)	현대적인
Handtasche die, -n	가방	altmodisch (Adj.)	구식인
Krawatte die, -n	넥타이	hübsch (Adj.)	예쁜, 매력적인
Regenschirm der, -e	우산	hässlich (Adj.)	추한
*an*ziehen	(옷을) 입다	bequem (Adj.)	편안한
tragen	(가방따위를) 들다, (옷을)입다	unbequem (Adj.)	불편한

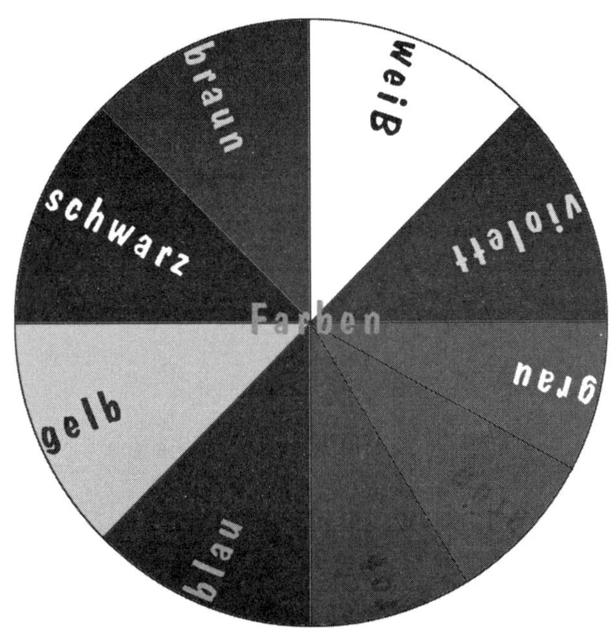

Info

Second Hand와 벼룩시장

독일에는 한번 사용한 옷을 파는 second hand라는 가게가 있다. 코코 샤넬이 디자인한 옷이라든지 한번 착용한 웨딩드레스 등은 낡은 헌 옷으로 취급되지 않고 고가로 거래된다. 의복이외에도 액세서리, 골동품, 가구, 전자제품 등 품목이 다양하다. 물론 이러한 고급품이외에도 다른 사람이 한번 사용한 물건을 파는 가게이므로 품질 좋고 가격이 저렴한 상품을 종종 구할 수 있다. 그러나 아주 저렴한 물건을 구입하기는 주말 넓은 광장에서 열리는 벼룩시장이 제격이다. 이곳에는 남녀노소 모두 자신이 쓰던 물건을 깨끗하게 손질해 직접 가지고 나와 필요한 사람들에게 저렴한 가격으로 판매한다. 비용은 그리 비싸지 않지만 여기서 장사를 하려면 시에다 장소 빌리는 돈을 내야 한다. 이는 경제적인 면 뿐 아니라 쓸만한 물건을 폐기하여 자연을 오염시키지 않겠다는 환경 보호적인 측면에서 비롯된 것이라고 할 수 있다

① 복합명사

복합명사일 경우 그 명사의 성은 뒤의 명사를 따르고 악센트는 앞의 명사를 따른다
복합명사가 될 때 두개의 명사 사이에 연결어 s, n 등을 붙일 때도 있고 붙이지 않을 때도 있다.
복합명사는 명사이외에 부사, 동사 등과도 결합된다.

die Sommersachen 여름 옷, 여름용 물품 = der Sommer + die Sachen

der Handschuh 장갑 = die Hand + der Schuh

das Abendessen 저녁식사 = der Abend + das Essen

das Wochenende 주말 = die Woche + das Ende

die Tageszeitung 일간신문 = der Tag + die Zeitung

das Fernsehen (TV) = fern + das Sehen

② 3,4격지배동사

1) 3격을 지배하는 동사
   ① Das rote T-Shirt gefällt mir gut.　　그 빨간 티 셔츠는 내 마음에 들어.
   ② Wem hilft er?　　그는 누구를 도와주니?
   ③ Schmeckt es dir?　　너 그것 맛이 있어?
   ④ Der Schüler antwortet dem Lehrer.　　학생은 선생님에게 대답한다.
   ⑤ Sie fehlt dem Freund.　　그녀는 남자친구가 없다.

2) 4격을 지배하는 동사 (몇몇 동사는 3,4격을 지배하는 동사도 있다.)
   ① Brauchst du noch ein Kleid?　　너 옷 하나 더 필요해?
   ② Ich kaufe mir ein weißes Kleid.　　나는 흰 원피스를 산다.
   ③ Sie kauft ein Kilo Tomaten.　　그녀는 토마토 1킬로그램을 산다.
   ④ Sie schenkt ihm eine CD.　　그녀는 그에게 CD를 선물한다.
   ⑤ Zeigen Sie mir bitte den Stadtplan!　　나한테 시내지도를 보여주십시오!

③ 형용사변화

독일어의 형용사가 변화한다고 하면 외국인은 형용사까지 변화하는가 하고 짜증을 낼런지도 모른다.
그러나 이 형용사변화야 말로 외국인에게는 오히려 도움을 주는 것이라고 할 수 있다. 형용사 변화어
미를 보고 해당 명사의 성과 격을 알 수 있기 때문이다. 우선 형용사가 어떤 곳에서 어떻게 변화하는
지 그 예를 보자.

형용사가 변화하지 않을 때: Das T-Shirt ist gelb.　　　티셔츠가 노랗다.
형용사가 변화할 때: Ich suche ein gelbes T-Shirt.　　　나는 노란 티셔츠를 찾는다.

위의 예문에서와 같이 형용사가 부사로 쓰일 경우에는 변화하지 않지만 명사 앞에 부가어적으로 쓰일 때는 형용사가 변화하게 된다. 형용사 앞에 정관사, 부정관사, 무관사가 오는 것에 따라 형용사가 약변화, 혼합변화, 강변화하게 된다. 이러한 형용사 변화는 우리가 이미 알고 있는 정관사, 부정관사의 어미만 알고 있으면 형용사변화를 시키는데 큰 어려움이 없다.

1) 형용사의 약변화

우선 형용사가 약하게 변화하는 약변화부터 알아보자. 정관사(지시대명사 등)가 오고 형용사가 오면 형용사는 약하게 변한다. 정해진 파트너가 있으면 행동거지를 얌전하게 하는 아가씨를 연상시키는 형용사의 약변화는 다음과 같이 변한다.

	m(남성)	f(여성)	n(중성)	pl(복수)
1격	e	e	e	en
2격	en	en	en	en
3격	en	en	en	en
4격	en	e	e	en

	m	f	n	pl
1	der rote Wein	die frische Milch	das kühle Bier	die netten Leute
2	des roten Weins	der frischen Milch	des kühlen Biers	der netten Leute
3	dem roten Wein	der frischen Milch	dem kühlen Bier	den netten Leuten
4	den roten Wein	die frische Milch	das kühle Bier	die netten Leute

위의 표에서 en이 들어가는 부분에 선을 그어보면 하나의 침대가 만들어진다. 남성 2, 3, 4격을 나타내는 부분이 침대의 다리이고 복수 1, 2, 3, 4격을 나타내는 부분이 침대머리이며 여성과 중성 2, 3격은 침대의 중간 부분이라고 할 수 있다. 이 튼튼한 침대는 모두 en이라는 목재로 짜여져 있다고 생각하며 형용사의 어미를 암기하면 재미있다. 침대 밖의 부분은 모두 e로 구성되어 있으니 형용사의 변화가 복잡하지 않고 약하다고 하여 약변화라고 할 수 있다.

Ich kaufe den schwarzen Mantel. 나는 그 검은 외투를 샀다.
Die roten Blusen sind jetzt Mode. 그 빨간 블라우스가 지금 유행이다.

2) 형용사의 강변화

다음은 형용사 앞에 관사가 없을 때 형용사가 강하게 변하는 강변화를 살펴보자.

	m	f	n	pl
1	er	e	es	e
2	en, es	er	en	er
3	em	er	em	en
4	en	e	es	e

	m	f	n	pl
1	roter Wein	frische Milch	kühles Bier	nette Leute
2	roten Weins	frischer Milch	kühlen Biers	netter Leute
3	rotem Wein	frischer Milch	kühlem Bier	netten Leuten
4	roten Wein	frische Milch	kühles Bier	nette Leute

위의 어미변화를 보면 형용사 앞에 관사가 없으므로 형용사 자체가 관사역할도 해야하는 것을 알 수 있다. 그래서 남성 2격과 중성 2격만 제외하고 그 어미가 정관사 어미변화와 일치한다. 남성 2격의 형용사 어미변화는 두가지 경우가 있는데 형용사 어미가 en이 될 경우는 뒤에 오는 명사 2격이 es 가 될 때이고, 형용사 어미가 es일 경우는 뒤에 오는 명사가 en으로 끝날 때이다. 형용사와 명사의 어미가 en, en 혹은 es, es등으로 겹치지 않게 하기 위해서이다.

Hier gibt's gute Klamotten.	여기 멋진 옷들이 있어.
Wegen guten Wetters mache ich einen Spaziergang.	날씨가 좋아서 나는 산책을 한다.
Ich gedenke fleißes Studenten.	나는 부지런한 대학생을 기억하고 있다.
Ich gedenke fleißen Schülers.	나는 부지런한 학생을 기억하고 있다.

* gedenken는 <~를 기억하고 있다>라는 뜻의 2격지배 동사이다.

3) 형용사의 혼합변화

마지막으로 형용사 앞에 부정관사(소유관, kein)가 왔을 때 형용사가 어떻게 변화하는지를 살펴보자. 이 변화는 말 그대로 혼합 혹은 짬뽕변화라고 할 수 있다. 약변화와 강변화를 짬뽕시킨 변화이다. 형용사 앞에 정해지지 않은 부정관사가 왔기 때문에 (사람으로 비유하자면 정해진 애인이나 배우자가 없을 경우에 짬뽕데이트를 즐길 수 있는 것과 같이) 강변화와 혼합변화를 적당히 섞어서 변화시킨다고 생각 할 수 있다. 그러면 어떻게 두변화가 짬뽕이 되는지 그 변화를 보면 다음과 같다.

	m.	f.	n.	pl.
1	er	e	es	en
2	en	en	en	en
3	en	en	en	en
4	en	e	es	en

	m.	f.	n.	pl.
1	kein roter Wein	keine frische Milch	kein kühles Bier	keine netten Leute
2	keines roten Weins	keiner frischen Milch	keines kühlen Biers	keiner netten Leute
3	keinem roten Wein	keiner frischen Milch	keinem kühlen Bier	keinen netten Leuten
4	keinen roten Wein	keine frische Milch	kein kühles Bier	keine netten Leute

위의 변화에서도 en이 되는 부분의 금을 그어 보면 en이 가득 들어 있는 튼튼한 침대를 발견할 수 있다. 침대를 제외한 나머지 부분의 어미는 형용사의 강변화 어미와 일치함을 알 수 있다. 침대부분이 형용사의 약변화 어미이고 침대 밖의 부분이 형용사의 강변화 어미이기 때문에 이 변화를 혼합변화라고 할 수 있다. 그러나 여기서 주의 깊은 독자는 한 가지 의문사항을 발견할 수 있을 것이다. 부정관사는 복수형이 없는데 왜 형용사의 혼합변화 복수형어미가 en이 되었을까 하는 의문을 가지게 될 것이다. 부정관사의 복수형은 없지만 부정관사의 어미와 같이 변하는 소유관사(소유대명사)와 kein의 복수형 어미변화는 정관사에 따라 변화하기 때문에 이 경우 복수형의 형용사 어미변화가 정관사 다음에 오는 형용사의 약변화어미 en이 오는 것이다.

Ich suche ein schönes Haus	나는 아름다운 집을 찾는다.
Sigrid trinkt keinen roten Wein.	지그리트는 붉은 포도주를 마시지 않는다.
Wir haben keine gelben T-Shirts.	우리는 노란 티셔츠들을 가지고 있지 않다.

D. 연습문제(Übung)

1. 가로와 세로를 자세히 살펴보고 11가지 의복을 찾아 적으시오.

S	L	I	P	H	E	M	D
S	C	H	U	H	B	H	A
T	Z	X	L	M	Z	J	N
R	Ö	B	L	U	S	E	Z
U	H	C	O	E	H	A	U
M	O	S	V	F	U	N	G
P	S	T	E	Ö	T	S	M
F	E	B	R	R	O	C	K

1) ______________
2) ______________
3) ______________
4) ______________
5) ______________
6) ______________
7) ______________
8) ______________
9) ______________
10) ______________
11) ______________

2. 어휘연습에서 익힌 단어들이 기억이 나십니까? 화살표가 있는 부분의 이름을 성과 함께 적으시오.

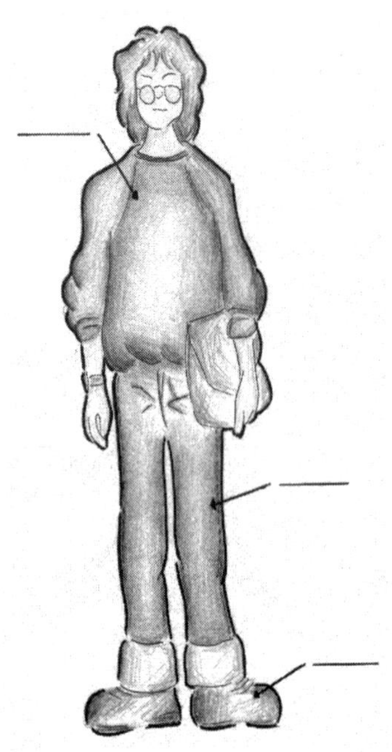

3. 반대되는 단어끼리 연결하시오.

1) einfarbig   hell
2) eng   dünn
3) kurz   altmodisch
4) dick   hübsch
5) dunkel   unbequem
6) modern   lang
7) hässlich   bunt
8) bequem   weit

4. 다음 단어들을 연결하여 적절한 복합명사를 만들고 알맞은 관사를 넣으시오.

1) ___ Unter-   -schirm
2) ___ Regen-   -brille
3) ___ Sonnen-   -tasche
4) ___ Sport-   -ring
5) ___ Hand-   -rock
6) ___ Ohr-   -hose
7) ___ Mini-   -schuhe

5. 진열장에 다음과 같은 물건이 있습니다. 보기와 같이 알맞은 관사와 형용사를 넣어 문장을 완성하시오. (형용사의 혼합변화에 유의)

e Hose, grün, weit →   Da hängt *eine* grün*e* weit*e* Hose.
1) r Gürtel, lang, schwarz ________________________________
2) s Kleid, rot, weit ________________________________
3) e Jeans, billig, blau ________________________________

4) r Rock, kurz, gelb _______________________________

5) e Socken, dick, braun _______________________________

6. 진열장에 있는 그 옷을 어떻게 생각하십니까? 보기와 같이 알맞은 관사와 형용사를 이용하여 문장을 완성하시오. (형용사의 약변화에 유의)

e Hose, grün, weit   →   *Die* grün*e* weit*e* Hose finde ich sehr gut.

1) r Gürtel, lang, schwarz _______________________________

2) s Kleid, rot, weit _______________________________

3) e Jeans, billig, blau _______________________________

4) r Rock, kurz, gelb _______________________________

5) e Socken, dick, braun _______________________________

7. 보기에서 알맞은 동사를 골라 인칭에 맞게 변형시켜 빈칸을 채워 넣으시오.

*an*ziehen   passen   stehen   tragen

Unsere Lehrerin ①________ oft Hosen.

Was ②________ du heute Abend ③____?

Das Kleid ④________ Mina nicht. Es ist zu klein.

Kurze Röcke ⑤__________ ihr nicht. Ihre Beine sind zu dick.

⑥_________ du gerne Hüte?

Kinder, ⑦________ euch schnell ⑧______. Es ist schon 8 Uhr!

8. 미나와 그녀의 친구는 네덜란드로 휴가를 가기 위해 짐을 싸고 있습니다. 밑줄 부분에 명사와 형용사를 넣어 문장을 완성하시오.

Sabine: Mina, was nimmst du mit?

Mina: Ich nehme ①*eine kurze Hose* (Hose e, kurz), drei ② _____________(T-Shirt s, dünn), ③________________(Turnschuhe pl, bequem) und ④______________(Hut r) mit.

Sabine: Das ist alles?

Mina: Nein. Natürlich nehme ich auch ⑤________________(Kleid s) mit. Und du?

Sabine: ⑥______________ (Jeans e, lang) und zwei ⑦______________(Rock r, kurz).

Mina: Gut. Dann packen wir jetzt!

9. 왼쪽에서 오른쪽까지 차례로 사람들의 다양한 모습을 예문과 같이 설명하시오. 제시된 형
용사와 명사를 사용하여 올바른 형용사 어미변화를 시켜 그림에 있는 사람들을 묘사하시
오.

> 1) Der Mann hat violette Haare. Er trägt einen grauen Anzug und ein
> weißes Hemd. Er hat schwarze Schuhe an.

2) die Frau: Haare(pl)-grün Bluse(e)-gelb Rock(r)-schwarz Handtasche(e)-weiß

____

____

3) der Mann: Haare(pl)-orange Jacke(e)-braun Hose(e)-grün Schuhe(pl)-braun
   Regenschirm(r)-schwarz

____

____

4) der Mann: Haare(pl)-gelb Anzug(r)-blau Krawatte(e)-braun Hemd(s)-grau

____

____

5) die Frau: Haare(pl)-rot Kleid(s)-rot Schuhe(pl)-rot

____

____

6) der Mann: Haare(pl)-blau Anzug(r)-grün Hemd(s)-weiß Schuhe(pl)-schwarz
   Tasche(e)-schwarz

____

____

독일의 기후와 의복

독일의 기후

　기후 상으로 독일은 서유럽의 해양성 기후와 동유럽의 대륙성 기후의 중간이라고 할 수 있다. 독일이 지도에서 위도 상으로 상당히 북쪽에 위치하기 때문에 독일이 혹독한 추위를 가진 나라라고 흔히 생각하기 쉬우나 난류의 영향으로 온화한 기후를 가지고 있다. 그러나 독일은 넓은 영토를 가진 나라이므로 각 지역별로 조금씩 다른 기후 형태를 보인다고 할 수 있다. 독일의 서쪽은 해양성 기후의 영향을 받아서 높은 위도에도 불구하고 온난 습윤하며 겨울에도 평균 기온이 영하로 떨어지지 않는 온화한 날씨를 보인다. 독일의 북서부와 저지대는 기온은 알맞으나 습한 대기의 영향으로 습도가 높고 안개가 자주 낀다. 동쪽으로 갈수록 대륙성 기후의 영향으로 일교차가 크고 강수량도 감소하고 여름은 덥고 겨울은 추운 대륙성 기후의 특징을 보인다. 사계절이 뚜렷한 독일이지만 여름은 그다지 덥지 않고 건조해서 직사광선 아래에 있지 않으면 비교적 쾌적하다. 반면 겨울은 습기가 많아서 으스스한 날씨를 보이므로 독일로 여행을 갈 때에는 여름에 가는 것이 좋다.

독일인의 의복

　다른 유럽이나 북미 사람들처럼 독일인들도 대부분 양복을 입거나 청바지나 면바지, 티셔츠와 같은 간편한 일상복을 즐겨 입는다. 다만 우리나라처럼 유행에 크게 민감하지 않고 자기만의 개성을 중요시한다. 우리나라의 경우에는 대학생이나 젊은이들이 주로 최신 유행의 의상을 즐겨 입고 화려한 의상과 화장을 즐기는 반면 독일의 대학생들은 부모로부터 대부분 재정적으로 독립하여 스스로 자신의 복장 및 생활비를 마련해야 하기 때문에 화려한 의상이나 화장을 하는 학생들은 별로 찾아보기 힘들다. 이에 반해 연금을 받는 할머니들은 도리어 의상이 원색적이고 화려하여 우리나라와는 사뭇 다른 양상을 보인다. 독일인들은 비교적 개방되어 있고 남의 시선을 크게 의식하지 않기 때문에 속옷을 제대로 갖추어 입지 않은 차림이나 소매 없는 의상, 배꼽 티 등을 입은 사람들을 흔히 발견할 수 있다. 그러나 일요일의 교회 예배나 정식 파티, 오페라 등에 갈 때에는 대개 정장을 차려 입는다.

독일의 전통 의상

 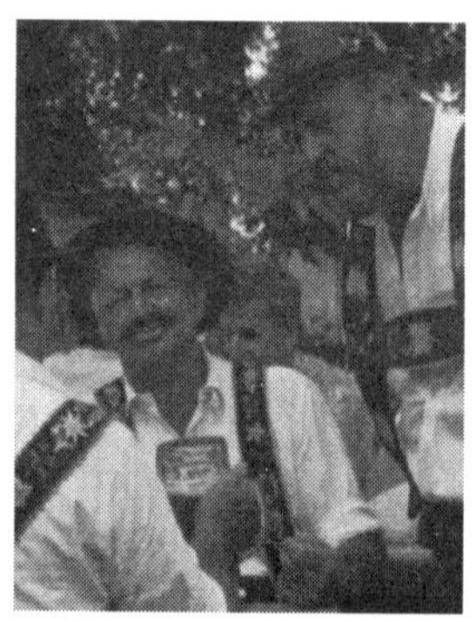

　독일의 전통 의상도 이제는 더 이상 일상에서 보편적으로 찾아보기는 힘든 것이 되어 버렸고 박물관이나 축제 현장에서 주로 볼 수 있는 것이 되었다. 가장 대표적인 전통의상으로는 바이에른 지방의 가죽바지를 들 수 있는데 이는 사냥을 하기 적합한 복장으로 발달 된 것이다. 해안 지역인 포어폼머른 지방의 전통의상은 해안 지방의 특성인 바다 바람을 막기 위해 여러 겹의 바지를 겹쳐 입는 형태를 띈다.

11과   Auf Reisen gehen! 여행가기

A. 대화(Dialog)

a. Endlich Ferien! 드디어 방학이다!

독일의 유명 여행사 로고

바닷가 휴양지

Sabine:	Mina, wann fangen deine Ferien[1] an?
Mina:	Nächste[2] Woche[3] Montag.
Sabine:	Hast du schon etwas vor?
Mina:	Noch nicht. Warum fragst[4] du?
Sabine:	Ich will mit Andi und Peter ans Meer[5] fahren.
Mina:	Wohin[6]?
Sabine:	In die Niederlande[7]. Wir fahren mit dem Zug[8]. Willst du mitkommen?
Mina:	Ja. Das ist eine tolle Idee. Wann fahren wir denn?
Sabine:	Nächste Woche Mittwoch[9].
Mina:	Und wie lange[10] bleiben[11] wir?
Sabine:	4 Tage[12].
Mina:	Toll! Endlich[13] mal richtige[14] Ferien!

---

1) Ferien die – 휴가, 방학.
2) nächste adj. nah(가까운)의 최상급.
3) Woche die -n 주일
4) frag-en v. (+4격) 묻다. 질문하다.
5) Meer das -e 바다
6) wohin (의문사) 어디로
7) Niederlande die 네델란드
8) Zug der -ü-e 기차
9) Mittwoch der -e 수요일
10) wie lange (의문사) 얼마동안
11) bleib-en v. 머무르다 ↔ weggehen 떠나다
12) Tag der -e 날.
13) endlich adv. 드디어
14) richtig sein adj. 정말로, 진짜. 맞는 ↔ falsch 틀린

기차역 매표소

플렛트 홈

Sabine:	Vier Fahrkarten[1] nach Amsterdam, bitte.
Mann am Schalter:	Einfach[2] oder hin und zurück[3]?
Sabine:	Bitte hin und zurück. Zweiter Klasse[4].
Mann am Schalter:	Sie können den Intercity um 13 Uhr 30 nehmen.
Sabine:	Da müssen wir Zuschlag[5] zahlen, oder?
Mann am Schalter:	Richtig!
Sabine:	Wie viel kosten die Fahrkarten?
Mann am Schalter:	Haben Sie eine Bahncard?
Sabine:	Ja, wir haben alle eine.
Mann am Schalter:	Dann macht das 166 Euro.
Sabine:	Auf welchem Gleis[6] fährt[7] der Zug ab?
Mina:	Dort hängt ein Fahrplan[8]. Schauen wir mal.
Sabine:	Auf Gleis 4.
Mina:	Guck mal. Da kommen Peter und Andi.
Sabine:	Hallo! Da seid ihr ja endlich!

---

1) Fahrkarte die -n 차표. 기차, 버스 혹은 전차표.
2) einfach 편도
3) hin und zurück 왕복
4) zweite Klasse die 이등석
5) Zuschlag der -ä-e 추가요금
6) Gleis das -e 플렛트홈
7) *ab*/fahr-en v. 출발하다 ↔ an/kommen 도착하다
8) Fahrplan der -ä-e 차 시간표

휴가와 여행

알프스가 보이는 뮌헨

남부유럽의 바닷가

베를린 시내 관광버스

Ferien die, -	휴가, 방학	Dorf das, -ö -er	마을
Meer das, -e	바다	Gebäude das, -	건물
Berg der, -e	산	Fluss der, -ü -e	강
See der, -n	호수	Urlaub der -e	휴가
Strand der, -ä -e	바닷가, 해변	Sehenswürdigkeit die,-en	구경거리, 명소
Insel die, -n	섬	Platz der, -ä -e	광장
Stadtbesichtigungdie, -en	시내관광	Kirche die, -n	교회
Stadt die, -ä -e	도시	Hotel das, -s	호텔

C. 문법(Grammatik)

① 분리,비분리 동사

<분리동사>

1) Mina, wann fangen deine Ferien *an* ?	미나, 네 휴가는 언제부터 시작이지?
2) Hast du schon etwas *vor* ?	너 이미 어떤 계획있니?
Nein, noch nicht.	아니, 아직 없어.
3) Wir kaufen nachher *ein*.	우리는 나중에 쇼핑을 한다.
4) Pass *auf*!	조심해!
5) Ich *muss* Sommersachen *ein*kaufen.	나는 여름옷을 사야만 해.

<비분리동사>

6) Der Unterricht beginnt um 9 Uhr.	강의는 정각 9시에 시작한다.
7) Verstehen Sie?	이해하고 계십니까?

1) ~ 5) 동사들은 분리하는 동사로 분리동사와 분리전철의 위치에 유의해야한다. 5번의 *ein*kaufen이라는 동사 역시 분리동사지만 화법조동사 muss가 정동사(주어에 따라 변화하는 동사)가 되어 *ein*kaufen은 분리동사임에도 문장 맨 뒤로 가면서 붙여 쓰게 된다. 6) 7)번의 동사들은 비분리 동사이다. 이 동사들은 어떠한 경우에도 분리해서 사용할 수 없다. 분리, 비분리동사를 구분하는 방법은 다음과 같다.

(관련문법 4과, 12과 참조)

가) 비분리 전철 be, er, emp, ent, ge, ver, zer, miss로 시작하는 동사가 비분리 동사이며,
   Akzent는 뒤에 온다. beginnen의 경우 Akzent는 ginnen 의 i 에 둔다.

나) 가)에서 언급한 비분리 동사이외의 것은 분리동사이다. .
   Akzent 는 분리전철에 온다. anfangen에서 Akzent 는 an에 둔다.

다) durch-, hinter-, über-, unter-, voll-, wieder-, wider- 로 시작하는 동사는 분리할 때도 있고 비분리할 때도 있다. 분리할 때는 전철의 의미가 구체적인 의미를 유지하고, 분리하지 않을 때는 추상적, 비유적 의미를 갖는다.
   - 분리할 경우 (구체적인 의미) Er setzt uns mit dem Boot über. 그는 배로 우리를 건네준다.
   - 비분리 경우 (추상적인 의미) Bitte übersetzen Sie ins Deutsch! 독일어로 번역하십시오!

② welcher, welche, welches

의문사 welcher의 어미변화는 정관사의 어미변화를 따른다.
여러 가지 중에서 구체적인 어떤 것을 선택할 때 welcher를 쓰며 이에 대한 대답은 반드시 정관사를 사용한다.

	1격	4격	
der	Welche **r** Mantel gehört dir? Der grüne hier.	Welche **n** Sport magst du? Fußball und Tennis.	den
das	Welche **s** T-Shirt gefällt dir? Das rote hier.	Welche **s** Auto magst du? Den Porsche hier!	das
die	Welch **e** Musik gefällt dir? Die neue CD von 2PM.	Welch **e** Hose magst du? Diese hier.	die
die	Welch **e** Sportarten gefallen dir? Fußball und Volleyball.	Welch **e** Sportarten magst du? Tennis und Schwimmen.	die

① 어떤 것이 네 외투야?　　너는 어떤 스포츠를 좋아하니?
　여기 있는 이 초록색 외투.　　축구와 테니스
② 어떤 티셔츠가 네 마음에 들어?　어떤 자동차를 너는 좋아하니?
　여기 이 빨간 티.　　여기 있는 이 포르쉐 자동차.
③ 어떤 음악이 네 마음에 들어?　어떤 바지를 너는 좋아하니?
　새로 나온 2PM의 CD.　　여기 있는 이 바지.
④ 어떤 종류의 스포츠가 네 마음　너는 어떤 종류의 스포츠를 좋아하니?
　에 드니? 축구와 배구　　테니스와 수영.

---

③ 표현법

endlich - 드디어.
Da kommt er ja endlich!　(늦었지만) 저기 그가 드디어 나타났구나.

D. 연습문제(Übung)

1. 여러분이 알고 계신 독일과 유럽사정을 이용하여 다음 질문에 대한 대답을 하시오.

1) *Wie heißt die Hauptstadt Italiens?*
   ① Bonn
   ② Paris
   ③ Rom
   ④ Rhein
   ⑤ Oslo

2) *Wie viele Nachbarländer hat Deutschland?*
   ① zehn
   ② neun
   ③ zwölf
   ④ acht
   ⑤ elf

3) *Wo liegt Dänemark?*
   ① In Nordeuropa
   ② In Westeuropa
   ③ In Südeuropa
   ④ In Osteuropa
   ⑤ Am Mittelmeer

4) *Was sind die Alpen?*
   ① Inseln
   ② Berge
   ③ Flüsse
   ④ Essen
   ⑤ Städte

5) *Wo spricht man auch Deutsch?*
   ① In Griechenland.
   ② In der Schweiz.
   ③ In Spanien.
   ④ In Portugal.
   ⑤ In Finnland.

6) *Wie heißt die neue europäische Währung?*
  ① Euno
  ② Eura
  ③ Uro
  ④ Euro
  ⑤ Aura.

2. 어떤 전치사가 옳은지 표시하시오.

1) *Wohin fliegst du in den Sommerferien?*
  ① Über
  ② Auf
  ③ Nach
  ④ In
  ⑤ Zu
  die Insel Jeju.

2) *Hast du den Rhein gesehen?*
  Ja, wir haben eine Schifffahrt
  ① in
  ② auf
  ③ über
  ④ nach
  ⑤ zu
  dem Rhein gemacht.

3) *Ich möchte einmal*
  ① ins
  ② nach
  ③ ans
  ④ übers
  ⑤ aufs
  Meer fahren.

4) *Wo lernst du denn Deutsch?*
  ① Im
  ② Nach
  ③ In
  ④ Nach
  ⑤ An
  der Schweiz.

5) *Wanderst du gern? Ja, in den Ferien fahre ich immer*

① nach

② über

③ auf

④ zu

⑤ in

die Alpen.

3. 베티나가 여행을 가려고 여행사에 갑니다. 올바른 전치사를 보기에서 골라 넣으시오.

in   im   mit   nach   auf

1) △ Guten Tag. Ich möchte gern eine Reise machen.

　　Wohin könnte ich fahren? Haben Sie eine gute Idee?

　▼ Wann möchten Sie denn fahren?

2) △ _____ Sommer.

　▼ Und was machen Sie gern?

3) △ Wandern.

　▼ Dann fahren Sie doch _______ die Berge.

4) △ Gute Idee! Aber wohin?

　▼ _______ Österreich oder _______ die Schweiz.

5) △ Kann man dort auch schwimmen?

　▼ Natürlich. Dort gibt es viele Seen. Sie können _____ See baden

　　oder _____ der Sonne liegen. Oder _______ die herrlichen

　　Berge steigen.

6) △ Und wo kann ich übernachten?

　▼ _____ Hotel.

7) △ Und wie komme ich dorthin?

　▼ Sie können bequem _________ dem Zug oder _________ dem Auto fahren.

　△ Vielen Dank!

4. 역에 가면 다음과 같은 표지판을 볼 수 있습니다. 이 곳에서 사람들은 무엇을 할 수 있는지 번호를 골라 기입하시오.

Hier kann man...

1) Informationen bekommen.

2) Handys kaufen.

3) telefonieren.

4) das Auto parken.

5) mit dem Schiff fahren.

6) das Gepäck einschließen.

7) auf den Zug warten.

8) ein Taxi nehmen.

9) mit der Straßenbahn fahren.

10) ins Restaurant gehen.

11) tanzen gehen.

12) Fahrkarten reservieren.

13) mit dem Bus fahren.

5. 다음 문장에서 밑줄 그은 형용사에 반대되는 것을 연결하시오.

1) Der Urlaub war *teuer*.   schnell

2) Der Zug kommt *zu spät*.   früh

3) Der Bus fährt *langsam*.   bequem

4) Der Zug ist *voll*.   pünktlich

5) Der Sitz ist *unbequem*.   billig

6) Die Freunde sind *unpünktlich*.   leer

6. 다음은 티켓 구입부터 목적지에 도착할 때 까지의 상황설명입니다. 문장을 읽고 순서에 따라 번호를 기입하시오.

1) Ich fahre zum Bahnhof.   (1)

2) Ich komme an.   ( )

3) Ich kaufe eine Fahrkarte. ( )

4) Ich schaue aus dem Fenster. ( )

5) Ich steige in den Zug. ( )

6) Ich schaue auf den Fahrplan. ( )

7) Ich suche einen Platz. ( )

7. 다음 문장에서 승객(Fahrgast)이 말하는 것은(F)로, 역 승무원(Bahnbeamter)이 말하는 것은 (B)로 표시하시오.

> **Wann fährt der nächste Zug nach Berlin? (F)**

1) Ihre Fahrkarte, bitte? ( )

2) Haben Sie eine Bahncard? ( )

3) Fahren Sie erster oder zweiter Klasse? ( )

4) Einfach oder hin und zurück? ( )

5) Muss ich Zuschlag bezahlen? ( )

6) Ist das ein ICE oder ein IC? ( )

7) Tut mir Leid. Heute fährt kein ICE mehr. ( )

8) Der Zug hat 20 Minuten Verspätung. ( )

9) Auf welchem Gleis fährt der Zug ab? ( )

8. 자비네, 미나, 안디 3사람은 휴가중 서로 다른 계획이 있습니다. 이들이 무엇을 하려는지 주
어진 단어를 이용하여 보기와 같이 완전한 문장을 만드시오.

> Peter: nach Rom/ins Museum gehen/Cappucino trinken/Spagetti essen
> Peter fährt nach Rom und geht ins Museum. Er trinkt Capuccino und isst
> Spagetti.

1) Sabine: ans Meer fahren/baden/am Strand lesen

____

2) Mina: in die Berge fahren/wandern/Ski fahren

____

3) Andi: zu Hause bleiben/schlafen/ins Kino gehen/Freunde treffen

____

여행

주말할인 기차티켓 광고

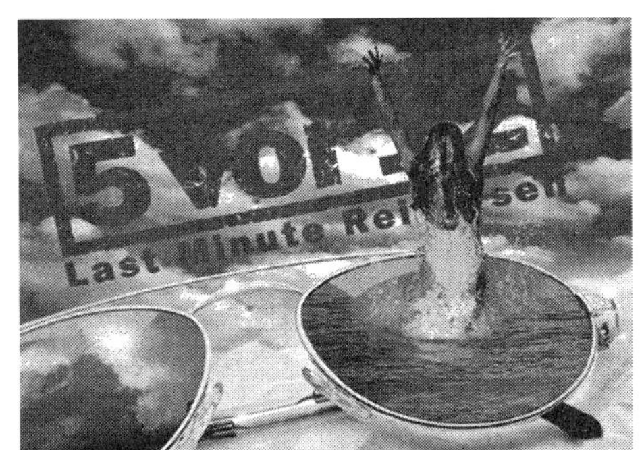

출발 직전 깜짝 할인 비행기 티켓광고

대부분의 독일인이 휴가 기간에는 여행을 갈 정도로 독일인은 세계에서 제일 여행을 즐기는 민족이다. 독일의 휴가기간은 연평균 30일로 휴가가 긴 편이기 때문에 평소에는 열심히 일하고 휴가기간에는 미리 계획을 세워 세계 여러 곳을 여행한다. 수개월 전부터 목적지, 비용 등을 치밀하게 계산하는 등 독일인은 휴가도 업무의 일종이나 학습의 일종이 아닌가 생각될 정도로 철저하게 준비한다. 실제로 유럽곳곳의 유명관광지에서 책자를 들고 있거나 여행안내인의 설명을 열심히 경청하는 독일인들을 쉽게 볼 수 있다.

이들이 여행을 즐기는 것은 음산한 독일의 날씨와도 관련이 있다. 목적지는 달러화의 가치가 높을 경우에는 유럽이나 다른 나라로, 낮으면 미국으로 여행한다. 노인들은 여행사를 이용하여 버스로 외국여행을 하기도 하고, 적극적인 사람들은 캠핑 차를 타고 캠핑지를 다니면서 야영을 하기도 한다. 이 캠핑 차에는 화장실과 취사시설이 갖추어져 있어서 편리하게 이용할 수 있으며 나이가 지긋한 사람들이 주로 이 차를 이용해서 자주 여행을 즐기곤 한다. 젊은이들은 배낭을 메고 무전여행을 하기도 한다.

독일은 유스호스텔 Jugendherberge이 전국 각지에 산재해 있어서 여행하면서 이용하기에 매우 편리하다. 정부에서 일정금액을 보조 해주기 때문에 가격이 아주 저렴하고 샤워시설 등이 완벽하게 구비되어 있다. 여행시즌에는 예약을 해야 하며 이곳은 반드시 젊은 사람들만 이용할 수 있는 곳은 아니기 때문에 가끔 가족단위의 여행객이 머무를 수 있게 배려해 놓은 곳도 있다. 이곳에서는 아침식사를 할 수 있으며 간혹 세탁시설이 완비된 곳도 있다.

독일의 젊은이들은 도보여행, 자전거여행, 기차여행을 즐긴다. 기차 여행에는 많은 할인제도가 있다. 35유로 가격의 주말카드Schönes-Wochenende-Ticket를 구입하면 주말 동안에는 5명이 독일 전역을 여행할 수 있다. 단, 이용할 수 있는 열차는 완행에 한정된다. 시간이 많이 소요되는 단점에도 불구하고 젊은이들 뿐 아니라 많은 사람들이 이 카드를 애용한다. 야간 할인 요금제 Guten Abendticket는 저녁 6시 이후의 열차를 이용하여 전국 어느곳이나 여행할 수 있다. 이 요금제는 ICE 고속열차도 이용할 수 있는 장점이 있다.

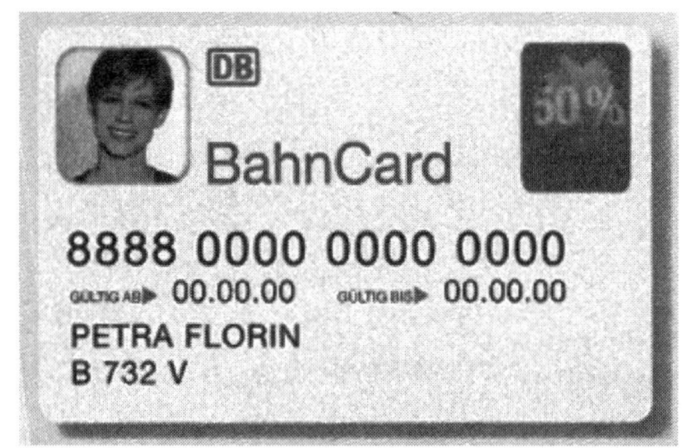

철도카드

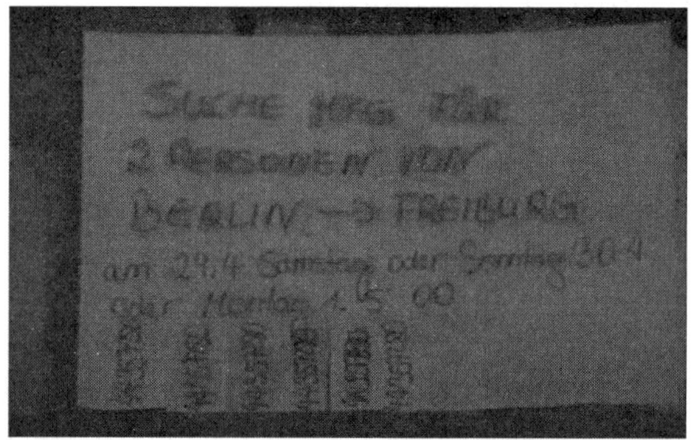

베를린에서 프라이부르크까지 동승자를 구하는 광고

    개인이 혼자 여행할 경우 주말을 이용하면 평소금액의 절반이며, 자비네가 가지고 있는 철도카드 Bahn Card를 이용하면 일년 내내 철도를 할인된 요금으로 이용할 수 있는 혜택을 받게된다. 주로 학생들이 이러한 혜택을 많이 받게되며 기차도 IC나 ICE 같은 고속열차 등을 이용하려면 추가요금 Zuschlag을 지불하면 된다. 독일의 기차 요금이 상당히 비싸기는 하지만 원거리 통근, 통학용으로 이러한 할인제도를 이용할 수 있다. 자동차여행의 경우에는 기름 값을 절약하기 위해서 4사람 내지 5사람이 함께 목적지를 향해 출발하고 기름 값은 분담해서 내는 동승 제도 Mitfahren를 이용한다. 동승을 원하는 사람은 대학 구내에 쪽지를 붙이거나 동승 승차센터 Mitfahrzentrale를 이용한다. 이 곳은 성인들이 주로 이용하는데 소개해주는 값을 어느 정도 내고 동승 객들이 모여 출발한다.

    간혹 여행 성수기가 아닐 때에는 기차 값보다도 저렴한 항공편을 이용할 수도 있다. 공항에 나가면 갑자기 출발하는 비행기 여행 Last Minute Tour이 있는데 이 여행은 값도 저렴하지만 일정한 목적지 없이 출발하는 스릴을 맛볼 수 있고 목적지 또한 원래 비행기가 출발하려고 했던 곳, 예를 들면 그리스, 스페인, 터키 등이므로 뜻하지 않게 즐거운 휴가를 즐길 수 있어서 젊은이들 사이에서는 이러한 여행을 좋아하는 사람들도 다수 발견할 수 있다.

    최근에는 저가항공기를 이용하여 여행하는 사람들이 증가하고 있다. 이때 유의할 사항은 일찍 예약 할수록 가격이 저렴하기 때문에 미리 티켓을 구입하여야 한다. 이 비행기는 출발시간과 도착시간이 밤늦은 시간이거나 새벽이며 저가항공의 공항도 시내에서 상당히 떨어진 외곽에 위치하고 있다. 라이언 에어라인의 경우 일정한 좌석표를 배분하지 않아서 시내 버스나 전철을 탈 때 같이 비행기에 타는 순서대로 앉게 된다. 물론 이때에도 어린이나 노약자, 장애인등은 먼저 타도록 배려한다.

12과   Abschied nehmen 작별하기

A. 대화(Dialog)

▶ *a. Party!* 파티*!*

파티

Sabine: Hi Andi! Hast du schon gehört? Morgen gibt es eine Party bei uns.

Andi: Party? Hat jemand Geburtstag?

Sabine: Nein, aber Mina fliegt[1] nach Korea zurück.

     Komm doch auch und bring[2] Peter mit.

Peter: Schade, dass du schon nach Hause fliegst.

     Hat es dir in Deutschland gefallen?

Mina: Ja, es war wirklich[3] klasse[4].

Andi: Wie lange hast du hier eigentlich Deutsch gelernt?

Mina: Ich habe drei Kurse gemacht. Also ungefähr[5] 9 Monate[6].

Andi: Hast du da viele[7] Leute[8] kennengelernt[9]?

Mina: Ja, ein paar.

Sabine: Hast du schon gehört, Andi?

     Mina hat einen Freund[10] aus Italien. Er heißt Carlo.

Mina: Ach, Quatsch[11]!

---

1) *zurück*/flieg-en v. 비행기를 타고 집으로 날라온다.
2) mit/bring-en v. 데리고 오다, 가져오다.
3) wirklich 정말(어떤 진술을 강조하기 위해 사용)
4) klasse sein adj. 매우 좋은, 근사한.
5) ungefähr adv. 약, 대강 ↔ genau 정확히
6) Monat der -e 달
7) viel 많은
8) Leute die 복수명사
9) kennen lern-en 어떤 사람을 처음으로 만나 알게 되다.
10) Freund der -e 남자친구
11) Quatsch der - 허튼소리, 무의미한 언동.

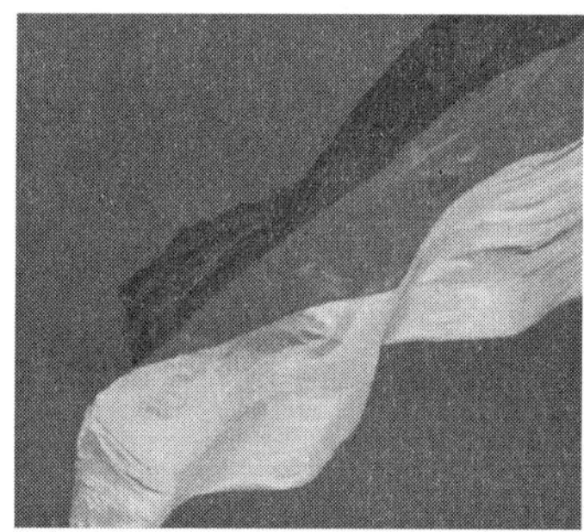

독일국기

미나를 실은 한국행 비행기

태극기

Herr Klein:	Prost[1], Mina! Auf dein Wohl[2].
Alle:	Prost, Mina!
Mina:	Vielen Dank für alles! Ich hatte eine sehr schöne Zeit bei euch.
Bettina:	Komm[3] doch bald mal wieder!
Mina:	Ja, vielleicht nach[4] meinem Studium[5].
	Ich hoffe[6], ihr kommt alle mal nach Korea. Ich lade euch ein.
Frau Klein:	Ich habe eine Idee. Wir machen im nächsten Sommer[7] Urlaub[8] in Korea!
Oma Klein:	Das ist mir zu weit[9].
Opa Klein:	Dann fliege ich eben[10] alleine[11]!
Sabine:	Mina, wann fliegst du morgen?
Mina:	Um 13 Uhr.
Herr Klein:	Wir bringen[12] dich natürlich zum Flughafen.
Mina:	Ja, das ist nett[13]. Danke!

---

1) Prost 건배
2) Auf dein Wohl! 너의 건강을 위해 건배!
3) *wieder*/komm-en v. 다시 한번 오다.
4) nach präp. (+3격지배) ......한 후에
5) Studium das 학업 = Universitätsstudium das 대학에서의 학업
6) hoff-en v. 희망하다. 바래다.
7) Sommer der 여름
8) Urlaub der -e 휴가
9) weit sein adj. 먼 ↔ nah 가까운
10) eben 화자가 어떤 사실을 기정사실로 받아 들일 때 하는 말.
11) allein adv. 혼자, 홀로 ↔ zusammen 함께
12) bring-en v. 데려다 주다 ↔ ab/holen 마중하다
13) nett sein adj. 친절한

과거분사(pp)

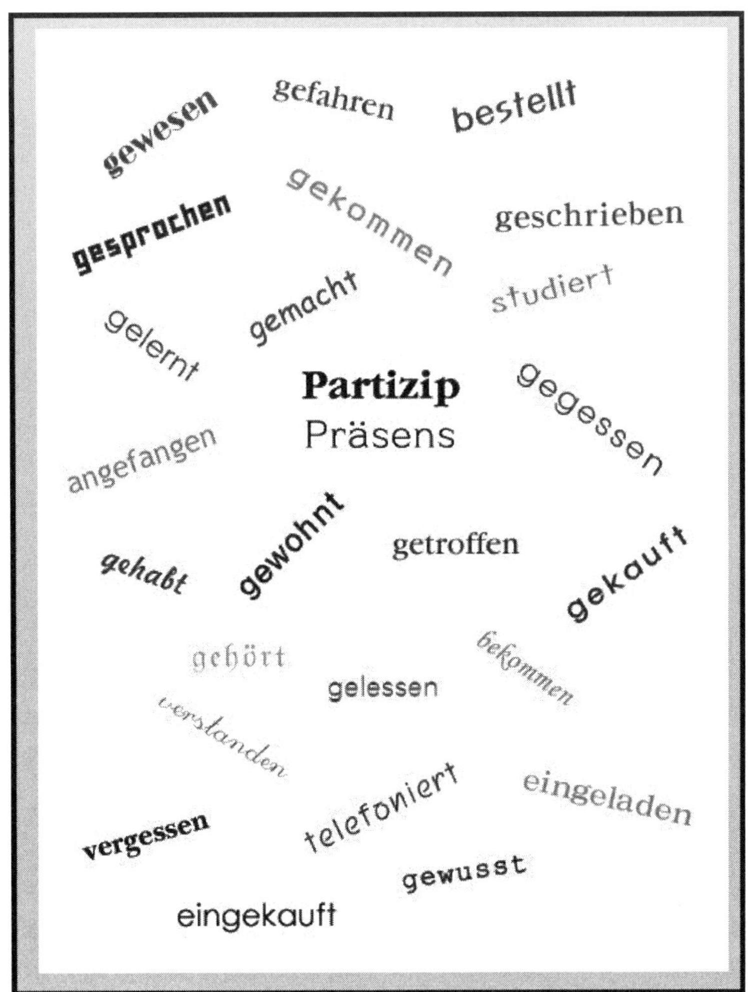

단어추가

sein	....이다(be)	bestellen	주문하다
haben	...을 가지다(have)	schreiben	쓰다
wohnen	....에 살다	kommen	오다
kaufen	사다	sprechen	말하다
bekommen	받다	machen	만들다
telefonieren	전화하다	lernen	배우다
lesen	읽다	studieren	공부하다(대학생이). 연구하다
einladen	초대하다	essen	먹다
wissen	알다	anfangen	시작하다
hören	듣다	treffen	만나다
fahren	무엇을 타고 가다	verstehen	이해하다

C. 문법(Grammatik)

① 동사의 과거분사

과거분사형은 일정한 규칙에 의해 만들어지는 것과 규칙없이 만들어지는 것이 있다. 이때 사전 뒤에 나오는 불규칙동사는 암기하는 것이 가장 좋은 방법이다. 그러나 무조건 암기를 하는 것보다 다음의 설명을 이해한 후에 암기하면 쉽고 재미있게 암기할 수 있다.

1) 약변화(규칙변화): 규칙적으로 변하는 동사로, 동사어간 앞에 **ge-**를 어간 뒤에 **-(e)t**를 붙인다.

arbeiten	gearbeitet
lieben	geliebt
wohnen	gewohnt

2) 강변화: 현재, 과거분사의 간모음이 변화하며 **ge-_____-en**

helfen	geholfen
sehen	gesehen
sein	gewesen
gehen	gegangen
werden	geworden

3) 혼합변화: 약변화와 강변화를 혼합시킨 변화로 과거분사의 간모음도 변화하고 **ge-_____-t**

wissen	gewusst
denken	gedacht
bringen	gebracht

4) 분리동사: 분리전철과 분리동사사이에 **ge-_____-en/-(e)t** 를 붙임

*auf*stehen	*auf*gestanden
*ein*kaufen	*ein*gekauft
*kennen*lernen	*kennen*gelernt

5) 과거분사에 ge가 붙지 않는 동사
① ieren으로 끝나는 동사: studieren, telefonieren, fotografieren...
② 비분리동사: be, er, emp, ent, ge, ver, zer, miss로 시작하는 동사

studieren	studiert
telefonieren	telefoniert
bekommen	bekommen
wiederholen	wiederholt
erzählen	erzählt

현재완료 = 　haben　/　sein　의 **현재형** + **pp** 과거분사

동사의 과거분사형을 암기하면 현재완료형은 쉽게 만들 수 있다.
현재완료는 haben 이나 sein동사 + pp의 형태로 만들면 된다.
완료형을 만들 때에 어떤 동사가 sein을 쓰고 어떤 동사가 haben을 쓰는가에 따라 그 동사를 sein지배동사, haben지배동사 라고 부르고 사전에서는 각 동사의 뒤에 s. h.을 표시하여 그 동사가 완료형에서 sein와 결합하는지 혹은 haben과 결합하는지를 제시한다.

1) haben을 쓰는 동사: 타동사, 재귀동사, 비인칭동사, 화법조동사, 자동사의 일부.
　　　　　　　첫 글자를 따서 '타재비화자'로 암기하면 편리하다.
　　hören(듣다), sich waschen(씻다), regnen(비가 오다), können(할 수 있다)
　　① **Hast** du es schon **gehört**? (타동사) 너 벌써 들었어?
　　② **Hast** du dir die Hände **gewaschen**? (재귀동사) 너 손을 씻었어?

2) sein을 쓰는 동사: sein, werden, bleiben 동사와 장소의 이동이나 상태의 변화를 나타내는 동사.
　　gehen(가다), kommen(오다), fahren(차를 타고 가다), umsteigen(차를 갈아 타다)
　　sterben(죽다), wachsen(성장하다), einschlafen(잠이 들다)
　　① Ich **bin** nach Amerika **geflogen**. 나는 미국으로 비행기를 타고 간다.
　　② Das Kind **ist** ein**ge**schlafen. 그 아이는 잠이 들었다. -깨어 있다 잠이 든 상태의 변화

3) 문장의 어순

① Mina	**hat**	in Deutschland viele Leute	**kennengelernt**.
② Gestern	**hat**	Mina Carlo	**kennengelernt**
③ **Hat**	Mina	in Deutschland viele Leute	**kennengelernt**?
④ Wo	**hat**	Mina Carlo	**kennengelernt**?

① 미나는 독일에서 많은 사람을 알게 되었다.
② 어제 미나가 카를로를 알게 되었다.
③ 미나는 독일에서 사람을 많이 알게 되었나?
④ 미나는 카를로를 어디에서 알게 되었지?

①번의 현재완료 문장은 주어 Mina 와 정동사(주어에 따라 변하는 동사: 여기서는 hat)순서로 이어지고 문장 맨 뒤에 과거분사형이 오게 된다.
②번 문장은 주어와 동사가 도치된 문장이다. 독일어에서는 흔히 강조하고 싶은 단어를 문두에 두는 도치법을 자주 사용하는데 이럴 경우 맨 앞에 놓인 단어나 구는 강조되지만 주어와 동사를 반드시 도치시켜야 한다. 여기서도 gestern을 강조하고 싶어서 문장 맨앞으로 두고, 정동사 hat는 두 번째에, pp형은 문장 끝에 두었다.

③ 의문사가 없는 의문문에서는 주어와 정동사가 바뀌며 과거분사 pp는 역시 문장 맨 뒤에 위치한다.
④ 의문사가 있는 의문문일 경우 정동사 hat 는 의문사 뒤에 오고 pp는 문말에 온다.

결국 현재완료형일 경우 haben이나 sein의 위치는 "의문사 없는 의문문"일 경우에만 문두에 오고 나머지 경우에는 문장에서 두 번째에 haben이나 sein이 오게되며 pp 즉 과거분사형은 예외없이 문말에 오게된다.

4) 일상 독일어 회화에서는 현재완료형을 많이 사용한다. 얼핏 생각하면 과거형을 사용할 것 같은 상황에서도 과거를 쓰지 않고 현재완료를 사용한다. 그러나 sein(be) 이나 haben(have)의 경우는 현재완료대신 과거를 많이 사용하는 점에 유의하여야 한다.
① Ja, es war wirklich klasse.   그래, 그것 정말 멋졌어.
② Ich hatte eine sehr schöne Zeit bei euch.   나는 정말 여러분 집에서 아주 좋은 시간을 보냈어요.
sein 동사와 haben 동사의 과거형은 자주 사용되므로 과거와 과거분사를 함께 암기하는 것이 좋다.

③ 과거 인칭변화

과거 인칭변화는 동사의 과거형을 원형으로 하여 각 인칭에 따라 어미를 변화시키면 된다. sein(be ...이다)의 경우 과거형은 war이고 haben(have ...을 가지다)의 과거형은 hatte이므로 인칭변화를 할 경우 war와 hatte를 과거인칭변화의 원형동사로 생각하면 된다. 과거형을 알면 과거인칭변화는 현재인칭변화와 매우 흡사하다.
과거인칭변화를 할 때 단수1인칭과 3인칭에 어미변화를 하지 않고 그 밖의 과거인칭변화의 어미는 현재인칭변화의 어미와 동일하다. 따라서 정확한 과거를 암기할 필요가 있다.

	sein		haben	
ich	war		hatte	
du	war	st	hatt	est
er/es/sie	war		hatte	
Sie(단수)	war	en	hatt	en
wir	war	en	hatt	en
ihr	war	t	hatt	et
sie	war	en	hatt	en
Sie(복수)	war	en	hatt	en

D. 연습문제(Übung)

1. 드디어 마지막과의 연습문제입니다. 다음문장을 잘 읽고 번호에 표시하시오.

1) *Familie Klein wohnt in*
   ① München.
   ② in Berlin.
   ③ in Italien.
   ④ in Köln.
   ⑤ in Bonn.

2) *Bettina ist*
   ① Sabines Schwester.
   ② Sabines Freundin.
   ③ Peters Freundin.
   ④ Leos Mutter.
   ⑤ Andis Lehrerin.

3) *Mina kommt aus*
   ① Gwangju.
   ② Seoul.
   ③ Busan.
   ④ Daejeon.
   ⑤ Ilsan.

4) *Carlo ist*
   ① Lehrer.
   ② Arbeiter.
   ③ Student.
   ④ Italiener.
   ⑤ Hausfrau.

5) *Andi und Peter sind*
   ① Brüder.
   ② Freunde.
   ③ Studenten.
   ④ Schüler.
   ⑤ Koreaner.

2. 다음은 유럽의 수도입니다. 이 수도는 어떤 국가의 수도인지 보기에서 골라 완전한 단어(국가이름)를 합성하여 기록하시오.

A-BEN-LAND-GRIE-WE-NA-SCHWEIZ-NOR-REICH-JU-RUSS-CHEN-
SPA-MÄ-EN-NI-BUL-Ö-EN-FRANK-STER-I-REICH-LIEN-TA-LAND-
MU-ENG-GAL-KAN-POR-GI-HAN-BEL-MA-LON-TU-SCHWE-EN

Berlin → Deutsch-land

1) London ________________
2) Paris ________________
3) Madrid ________________
4) Lissabon ________________

5) Rom ________________
6) Wien ________________
7) Bern ________________
8) Athen ________________
9) Brüssel________________

3. 다음 표의 가로, 세로, 대각선에서 유럽 11개국을 고르시오.

D	Z	Ü	H	O	L	L	A	N	D	D
Y	E	N	G	L	A	N	D	Q	T	Ä
K	P	U	I	Q	P	Ä	X	M	Ü	N
P	O	R	T	U	G	A	L	F	R	E
V	L	D	A	S	Ü	J	Z	I	K	M
Q	E	N	L	I	C	S	H	N	E	A
M	N	O	I	R	Ä	H	Ö	N	I	R
L	K	Q	E	H	N	X	L	L	L	K
S	P	A	N	I	E	N	M	A	X	G
W	M	B	E	L	G	I	E	N	N	P
Q	S	C	H	W	E	I	Z	D	T	D

1)________________
2)________________
3)________________
4)________________
5)________________
6)________________
7)________________
8)________________
9)________________
10)________________
11)________________

4. 다음 동사의 반대되는 동사를 보기에서 고르시오.

antworten ankommen aussteigen finden aufhören sterben aufwachen

1) einschlafen ________________
2) anfangen ________________
3) suchen ________________
4) einsteigen ________________

5) abfahren ____________________

6) leben ____________________

7) fragen ____________________

5. 원형동사를 쓰시오.

1) ______________ gewesen
2) ______________ gehabt
3) ______________ gekommen
4) ______________ gespielt
5) ______________ gesprochen
6) ______________ telefoniert
7) ______________ angefangen
8) ______________ gekauft
9) ______________ gesucht
10) ______________ gegessen
11) ______________eingeladen
12) ______________gewusst
13) ______________geschenkt
14) ______________gemacht
15) ______________gewartet
16) ______________gehört
17) ______________bestellt

6. 문제 5번의 동사 중에서 어떤 동사가 haben을 쓰고 어떤 동사가 sein을 쓰는지 구별해서 빈 칸에 넣으시오

1) *haben*

①______
②______
③______
④______
⑤______

2) *sein*

①________
②________
③________
④________
⑤________

7. 안디, 페터, 자비네는 호기심이 많아 미나에게 질문합니다. 보기에서 골라 알맞은 pp형을 넣으시오.

gefallen geschmeckt gespielt gelernt kennengelernt gefahren gemacht

1) Mina, wie lange hast du eigentlich Deutsch ______________ ?

2) Wo hast du denn Carlo _____________________?

3) Was hast du nach dem Unterricht _______________?

4) Wie hat es dir bei Kleins ________________?

5) Hat dir das deutsche Essen _______________?

6) Hast du oft Tennis _________________?

7) Wie bist du eigentlich zum Goethe-Institut _________________?

8. 밑줄부분에 과거분사(pp)를 넣으시오.

> *Mina, du musst*
>
> dich im Goethe-Institut anmelden.
>
> → Ich habe mich schon angemeldet.

Mina, du musst

1) noch einkaufen.→ Ich habe schon ____________________.

2) Carlo anrufen.→ Den habe ich schon _________________.

3) für die Prüfung lernen.→ Ich habe schon _________________.

4) eine Karte an deine Eltern schreiben.

  → Die habe ich schon _____________.

5) das Buch zurückgeben.→ Das habe ich schon ____________________.

6) deine Medizin nehmen. →Die habe ich schon ____________________:

7) noch duschen. → Ich habe schon ____________________.

8) Frühstück essen.→ Ich habe schon ____________________.

9) noch deine Hausaufgaben machen.→ Die habe ich schon____________.

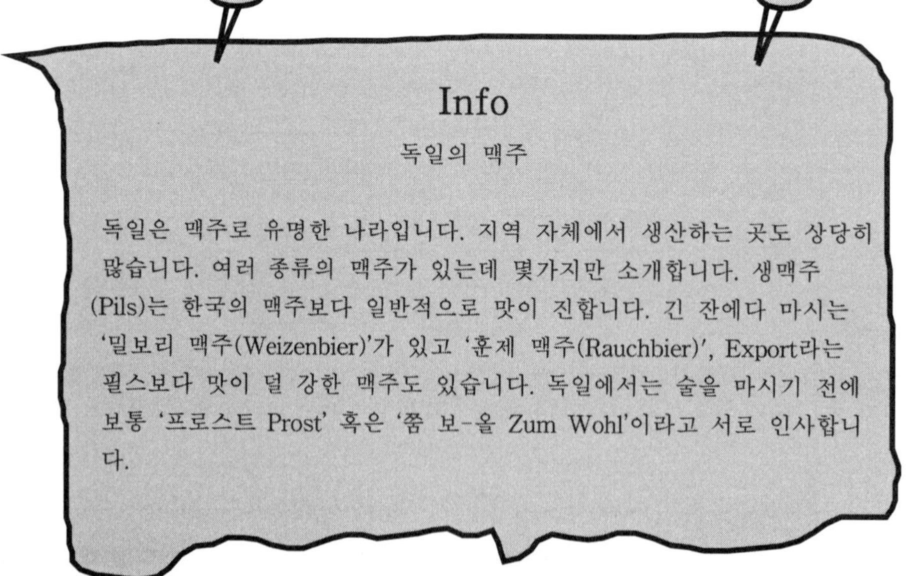

파티와 축제, 동물의 상징

테크노 축제의 군중

테크노 춤을 추는 한국 대학생

　독일에서의 파티는 간소하게 치러지는 편이어서 자신이 마실 음료수나 술은 각자 지참한다. 우리가 노래를 즐겨 부르는데 비해 독일인들은 춤을 즐기기 위해 밤새워 춤추면서 즐기는 파티를 자주 연다. 금요일 오후부터 일손을 놓는 휴일이 시작되면 토요일 밤새도록 주말시간을 즐기는 것이다. 현재 독일 젊은이들이 만나는 장소로 제일 많이 이용되고 있는 곳이 바로 디스코텍이다. 반면에 주말에 개를 데리고 산책을 하거나 야외에 나가 자전거를 타며 여가시간을 조용히 보내는 사람들도 많다.

　89년 독일 베를린에서 처음 시작된 야외 테크노 음악축제인 "러브 퍼레이드 Love Parade"는 세계 최대 규모를 자랑하는 젊은이들의 축제이다. 매년 7월 중순이면 이 축제에 참가하기 위하여 독일 각지에서뿐만 아니라 세계 곳곳에서 젊은이들이 모여드는데 그 참여인원만도 약 150만 명이 넘는다. 안전상의 이유로 그간 매년 베를린에서 열렸던 러브 퍼레이드는 2007년부터 여러 다른 도시를 순회하며 개최되었음에도 불구하고 두이스 브루크 Duisburg에서 열린 2010년 축제는 좁은 장소에 많은 인파가 한꺼번에 몰리는 바람에 다수의 사람들이 죽고 다치는 커다란 사고를 당하기도 했다.

동물의 상징

　미나가 한국에서 데려온 돼지가 이 교재와 함께 출판되는 CD에 등장한다. 한국에서 돼지꿈을 꾸면 복이 온다고 믿듯이 독일에서도 돼지는 행운의 상징 Glücksschwein이다. 돼지저금통 Sparschwein이나 독일인이 크리스마스 때 즐겨 주고받는 장식용 과자인 마르찌판 Marzipanschwein에서도 돼지를 볼 수 있다. 그러나 항상 돼지의 상징이 긍정적인 것만은 아니다. 우리말에도 "돼지 같이 뚱뚱하다"는 말이 있듯이 "돼지같이 뚱뚱한 dick wie ein Schwein" "아주 뚱뚱하고 기름진 fett wie ein Schwein" 이라는 표현과 더불어 아내를 때리거나 잘 씻지 않아서 냄새가 나는 사람 역시 돼지에 비유하기도 한다. 그밖에 다른 동물들에 대해 표현한 형용사를 살펴보면 우리의 표현과 상당히 닮아 있음을 알 수 있다.

　달팽이처럼 천천히　　　langsam wie eine Schnecke

사자같이 강건한	stark wie ein Löwe
여우같이 교활한	schlau wie ein Fuchs
양과 같이 성실한	treu wie ein Schaf
새같이 자유로운	frei wie ein Vogel
당나귀같이 어리석은	dumm wie ein Esel
뱀같이 간교한	listig wie eine Schlange
낙타같이 참을성있는	ausdauernd wie ein Kamel
토끼같이 빠른	schnell wie ein Hase

Marzipanschwein

독일인 들은 서로 사랑하는 사이에 동물의 이름을 호칭으로 사용한다. '나의 사랑스런 곰 mein lieber Bär', '나의 사랑스런 토끼 mein lieber Hase'라는 호칭은 이해가 가지만 '나의 사랑스런 생쥐 mein liebes Mäuschen' 혹은 '나의 사랑스런 고양이 meine liebe Katze' 라는 말은 우리에게 조금 생소하게 들린다. 그러나 우리나라에서는 흔히 쥐를 혐오하는 동물로 여기는 것과는 달리 독일에서는 전혀 반대로 사랑스럽고 귀여운 동물로 생각하기 때문에 연인의 이름 대신에 위와 같은 호칭을 즐겨 사용한다.

그밖에 동물을 비유적으로 사용한 속담도 있다. '파리채 하나로 두 마리의 파리를 잡는다. Zwei Fliegen mit einer Klappe schlagen.'라는 말은 두 가지 일을 한꺼번에 처리한다는 뜻으로 우리나라 속담으로 '일석이조'로 풀이 할 수 있다. 또한 '고양이를 자루에서 풀어 준다. Die Katze aus dem Sack lassen.'라는 속담은 '시간이 지난 후에 드디어 진실을 말한다.'라는 의미를 내포하고 있다.